아이들의 마음에 다가가는
10대 마음보고서

아이들의 마음에 다가가는

10대 마음보고서

따돌림사회연구모임 교실심리팀 지음

마리북스

머리말

도대체 저 아이는 왜 저런 행동을 할까?

'사춘기 아이들은 인상만 써도 무섭다.'

우리 연구모임에 나오는 어느 선생님이 한 말이다. 중2로 대표되는 사춘기 아이들이 조심스러운 건 집에서나 학교에서나 마찬가지다. 학교에서 아이들과 함께 생활하다 보면 정말 이해 못할 행동을 하는 아이들을 가끔 만난다.

심리 치료의 거장 중 한 명인 앨버트 엘리스는 젊은 시절 그 자신이 불안에 시달리던 사람이었다. '나는 왜 불안할까?'가 그의 인생 질문이었고, 그것을 깊이 있게 연구한 결과 '불안 심리'의 대가가 되었다. 독일 출신의 미국 심리학자인 에릭 에릭슨의 인생 질문은 '정체성'이었다. 유대계 덴마크 인의 아들로 프랑크푸르트에서 태어나 하버드 대학교와 캘리포니아 대학교에서 교편을 잡았던 그는 '유년의 정체성'에 대한 연구를 거듭해 '자아심리학'의 대가가 되었다.

이렇듯 사람이라면 누구에게나 주어진 인생 질문이 있기 마련이다. 선생님인 우리에게 주어진 인생 질문은 이것이었다.

'도대체 저 아이는 왜 저런 행동을 할까?'

선생님들의 최고 목표는 중도 탈락하는 학생 없이 모두 잘 성장하는 것이다. 그런데 현실은 그렇지 못하다. 어떤 아이는 머릿속에 이미 '실패 각본'을 써놓고 자신의 인생을 그 속으로 몰아넣고, 어떤 아이는 '인정욕망' 때문에 센 척하며 다른 아이들을 괴롭힌다. 자신의 진짜 속마음은 모른 채 겉으로 드러나는 따돌림을 핑계로 무작정 자퇴하겠다는 아이도 있다. 아이들이 뛰어노는 쉬는 시간에 혼자서만 마치 세상 모든 것이 정지된 듯 책상 앞에 가만히 앉아 있는 아이도 있다.

이런 아이들을 만나면 선생님들은 당황할 수밖에 없다. 그러다 그 아이들을 제대로 이끌지 못한 자신의 '무능'을 책망하기도 하고, 유년의 자신과 닮은 아이를 만나면 당시 상처가 다시 생각나 힘들어하기도 한다. 선생님들도 사람이기에 이런 마음이 드는 것은 어쩔 수 없다. 학교에 있다 보면 과장을 좀 보태면 쉬운 아이는 없고 힘든 아이만 있는 것 같다.

그렇다고 손 놓고 있을 수는 없었다. 우리 스스로 뭔가를 해보자는 의지로 같은 뜻을 가진 일선 학교의 선생님들이 모여서 작은 연구모임을 시작했다. 그런데 우리가 연구모임을 거듭하고 이 책을 준비하면서 깨닫게 된 사실이 하나 있다. 아이들의 마음도 결국 선생님들의 마음을 통해서 본다는 것이다. 예를 들어 10대 시절에 따돌림을 당한 경험이 있는 선생님은 그 시절의 상처를 안은 채 아이들을 대할 수 있다. 그래서 그 아이들의 마음을 더 잘 이해할 수도 있지만, 반대로 자신과 닮은 꼴을 한 아이를 피하고 싶은 마음에 더 외면할 수도 있다.

따라서 선생님들의 마음이 열리지 않으면 아이들의 마음을 볼 수가 없다. 선생님이 마음을 열려면 먼저 자신의 마음을 들여다보아야 한다. 그 과정에서 서서히 선생님의 마음이 열리고 아이들의 마음도 보게 된다.

우리 연구모임의 작은 결실인 이 책은 아이들의 마음을 알기 위한 책이라기보다는 선생님들의 마음을 열어 가는 성찰기라고 하는 편이 더 맞을지 모르겠다. 아이들이 무기력하면 선생님도 무기력해진다. 집에서도 아이가 무기력하면 부모도 같이 무기력해지듯 말이다. 선생님이 그 무기력에서 벗어나고 싶으니까 아이들의 인생 각본을 살펴보고 아이들을 무기력에서 탈출시키려고 애를 쓰는 것이다. 선생님이 유년의 상처로 오래도록 힘들었으니까 상처를 안고 힘들어하는 아이들이 있다면 빨리 상처와 화해할 것을 적극 이야기한다.

아무리 말썽쟁이 아이도 일대일로 대화를 해보면 순진한 한 아이에 불과하다. 다시 말해 '절대악'은 없다. 아이들이 달라지는 건 선생님의 교육 방법론이 훌륭해서가 아니다. 자신들을 끝까지 포기하지 않고 함께 가려고 애쓰는 선생님의 그 마음에 아이들도 기꺼이 설득당하기 때문이다. 결국 학교에서나 집에서나 아이들 문제의 해법은 어른들이 스스로 마음을 열고 진심 어린 마음으로 교류하는 것이다. 그 방법이 어떤 것이 되었든 꾸준히 시도를 하다 보면 언젠가는 서로의 마음이 교류하는 순간과 만난다.

이 책에서는 인생 각본, 인정욕망, 시 쓰기, 가설 연역적 방법, 진짜 마음 가짜 마음 알기, 유년의 상처와 화해하기 등 6가지 방법론으로 접근하고 있다. 여기서 제안하는 방법론이 절대적으로 옳다고는 할 수 없지만, 그래도 이 방법론들은 교육심리학을 바탕으로 하고 있고, 학생들에게 시도해서 좋은 성과를 거둔 것이니만큼 도움이 되리라 생각한다. 또한 각 장이 끝날 때마다 '함께 생각해 보기'를 수록해 더욱 쉽게 다가갈 수 있도록 했다.

망망대해에 유리병 편지를 띄우는 심정으로 10대의 마음을 알고 싶어 하는 모든 이에게 이 책을 띄워 보낸다.

2017년 3월
따돌림사회연구모임 교실심리팀 일동

1장

인생 각본을
다시 써보자

겨울이 지나면 어김없이 봄이 찾아오고, 그리고 새 학기가 시작된다. 이때는 학생들 못지않게 선생님들도 설레고 긴장된다. 아니, 설렌다기보다는 두렵고 떨린다는 표현이 더 맞겠다.

　'올해는 어떤 아이들을 만날까?'

　'첫 만남은 어떻게, 무슨 말로 시작할까?'

　'올해도 쉽진 않겠지? 과연 잘 이겨 낼 수 있을까?'

　3월 2일 첫 만남. 아이들 얼굴을 쭉 살펴보고 하루를 지내고 나면 마음에 남는 아이가 있다.

　'올해는 너구나! 그래 한번 잘 해보자.'

　그리 오랜 시간이 필요하지 않다. 그리고 그 예감은 거의 틀린 적이 없다. 사건 사고가 많은 아이, 퇴근 후에도 마음속에 남아 집까지 따라

오는 아이, 1년 내내 에너지를 쏟게 하는 아이, 바로 '올해의 인물'이다. 그러나 해마다 그런 아이들이 나를 성장하게 하고 오랫동안 마음에 남으며, 졸업을 하고서도 찾아와 감사인사를 전하곤 한다.

올해의 인물은 대체로 튀기 마련이다. 하지 말라는 걸 굳이 한다. 튀는 말을 한다. 단순히 웃어넘길 수 있는 말이 아니라 뭔가 묘한 긴장감을 감돌게 하거나 웃고 나서 고개를 갸우뚱하게 하는 말을 한다. 교사와 아이들의 눈길을 한번에 끌 수 있을 만한 말이다. 새 학기의 긴장감 속에 무기를 감추고 있지만, 가슴속에 묻어 둔 생채기들이 삐죽삐죽 튀어 나와 감춰지지가 않는다. 이것은 집에서 아이들을 키우는 부모들도 마찬가지일 것이다. 나도 10대 아이들의 부모지만, 10대 아이들은 인상만 써도 무섭다.

부모들이 한창 예민하기 그지없는 10대 아이들의 마음을 몰라 우왕좌왕하듯 학교에서도 사정은 마찬가지다. 여느 아이들보다 몇 배의 부담감을 안겨 주는 올해의 인물들과 함께 하루하루를 보내야 한다. 그 하루하루는 교사들에게는 생존을 위한 투쟁이다. 교사의 두 어깨를 누르는 무거운 사명감이 한 아이라도 외면할 수 없게 한다. 어떻게든 모든 아이들이 잘 성장해서 다음 학년으로 넘어갈 수 있게 노력하게 한다. 아이가 좌절할 때 함께 좌절하고 아이가 상처받을 때 함께 상처받으며, 그것을 극복하고 성취할 때 함께 성취감을 느낀다. 그런 뼈아픈 과정이 없다면 교사로 살아가는 의미도 줄어들 것이다.

그중 몇몇 아이들은 특히 고민에 빠지게 한다.

'도대체 저 아이는 왜 저러는 걸까?'

'어떻게 해야 바뀔 수 있을까?'

이런 고민을 거듭하던 어느 날, 교류 분석에서 말하는 '인생 각본'의 측면에서 아이들을 바라보면 어떨까 하는 생각이 들었다. 그 결과 아이들이 다르게 보이기 시작했다. 말썽쟁이 아이들이 말 안 듣고 말썽 피우는 대상이 아니라 모두 자기 나름의 '성장통'을 겪고 있는 존재로 느껴졌다. 그리고 좀더 적극적으로 아이들의 생각과 삶에 개입해야겠다고 생각하기에 이르렀다.

'이 아이들이 자신의 인생을 다른 시각으로 보게 할 수 없을까?'

때로는 시간이 문제를 해결해 주기도 한다. 당장은 답이 없을 것 같은 문제도 시간이 지나면 스스로 답이 나오는 경우가 있다. 지금 자신이 안 좋은 상황에 놓여 있다면 자신의 모습을 완전히 새로운 시각으로 바라보라. 또 다른 성장의 포인트가 보일 것이다.

아이들은 저마다 각본을 써놓고 살아간다

어린 시절 즐겨 보던 만화 영화 중에 〈개구쟁이 스머프〉가 있었다. 여기에는 다양한 캐릭터의 스머프들이 등장했다. 깜찍한 스머페트, 잘난 체하기 좋아하는 똘똘이, 만날 거울만 보는 허영이, 언제나 불만 가득한 투덜이, 힘자랑하기 좋아하는 덩치, 폭탄 선물로 유명한 익살이 등이다.

똘똘이가 어느 날 안경을 벗고 겸손해진다면 어떨까? 투덜이가 긍정적인 마인드로 상냥하게 웃는다면? 익살이가 장난을 멈추고 진지해진다면? 아마 누군가 "죽을 때가 되었나?"라고 말할지 모른다. 모두 쉬이 상상이 가지 않는 일들이다. 이들 스머프의 삶을 인생 전체로 두고 생각해 본다면 똘똘이는 책을 읽는 시간이, 허영이는 거울 보는 시간이, 투덜이는 인상을 쓰고 있는 시간이 가장 길 것이다. 셰익스피어는 인생이 한 편의 연극이라고 말했다.

인생은 연극이다. 세계는 모두 무대다. 그리고 모든 남자와 여자는 단순한 연기자에 불과하다. 그들은 자신의 출구와 입구를 갖고 있다. 저마다 인간은 자기 인생의 다양한 역할을 연출한다.
_셰익스피어

셰익스피어의 말대로 인생이 한 편의 연극이라면, 나의 삶이 하나의 배역이라면 어떨까? 계속해서 비슷한 문제에 맞닥뜨리게 되고 인생에서 같은 돌부리에 걸려 넘어질 때마다 배역 하나만 바꾼다면 그 문제를 해결할 수 있을 것이다. 투덜이 스머프가 "비 오는 날씨는 질척거려서 싫어!" 하던 것에서 인상을 풀고 환한 표정으로 "그래도 비 오는 날씨는 운치가 있어서 좋아!"라고 한 번쯤 말해 본다면 인생에서 새로운 페이지가 펼쳐질지 모른다.

우리 학급 안에도 다양한 캐릭터의 아이들이 함께 살아가고 있다. 아주 작은 규칙이라도 어기면 큰일 난다고 생각하는 아이, 교칙을 밥 먹듯이 어기는 아이, 궂은일이 있을 때 시키지 않아도 앞장서는 아이, 아주 작은 일이라도 이걸 내가 왜 해야 하느냐고 따지는 아이, 지각하는 날이 더 많은 아이, 늘 웃는 아이, 늘 불만인 아이……

아이들 저마다 지금의 캐릭터를 갖게 된 이유와 배경이 있겠지만 이 캐릭터가 어떤 반복되는 문제를 가져온다면, 그래서 불편하다면 "이제 새로운 배역으로 바꿔 보는 건 어떻겠니?"라는 제안을 해보는 건 어떨까 한다.

세상에 태어나면서부터 쓰는 각본

인생이라는 연극 속에서 저마다 현재 연출하고 있는 역할을 교류 분석 이론에서는 '각본(script)'이라고 한다. 교류 분석은 1950년대 미국의 정신의학자 에릭 번(Eric Berne)이 창안했다. 에릭 번은 의대를 졸업하고 정신분석사로 일하면서 정신분석가 트레이닝을 하던 중 이 이론을 창안했다. 프로이트의 이론 중 무의식을 제외하고 관찰 가능한 의식(표정, 말, 행동)에 관심을 두어, 인간의 의식적인 변화와 행동 수정을 이룰 수 있게 했다.

에릭 번은 각본을 다음과 같이 정의했다.

'어린 시절, 부모의 영향으로 강화되고, 후속 사건들로 인해 정당화되며, 선택된 과정의 행동으로 절정에 이르는 무의식적 인생 계획.'

각본은 극본 또는 시나리오로 해석될 수 있다. 교류 분석에서는 인간의 인생 드라마는 그 사람이 어린 시절에 쓴 인생 각본에 따라 연출된다고 한다. 사람마다 나름대로 각본을 써놓고 일생을 살아가고 있다는 의미이다.

> 다음 다섯 가지는 너의 조상들로부터 얻어진다.
> 자궁을 떠난 지 여섯 번째 여름이 가기 전에
> 너의 살날의 길이, 너의 운명, 너의 부, 너의 학식 그리고 너의 죽음.
> _ 인도 왕자들의 교과서 《판차탄트라》에서

각본은 세상에 태어나는 순간부터 쓰기 시작해 네 살 무렵 대체적인 골격을 형성하고, 일곱 살 때는 세부적인 내용을 완성한다. 열두 살쯤 되면 이야기는 보다 구체적으로 다듬어진다. 그 이후 사춘기를 지나면서 이야기는 검증을 거쳐 보다 현실성을 지니게 된다. 즉 일곱 살 무렵 아이는 자신의 인생이 어떻게 전개될 것인지 이야기를 완성한다는 것이다. 어떤 친구들과 어떤 학창 시절을 보내고, 공부는 어느 정도 할 것이며, 몇 살 정도에 어떤 사람과 만나 결혼할 것인지, 아이는 몇 명을 낳고 어떤 가정을 이루고 살아가다 몇 살 정도에 어떤 장면에서 운명할 것인가 등을 정한다는 것이다. 《판차탄트라》에 나오는 다음 내용과도 통하는 바가 있다.

'자궁을 떠난 지 여섯 번째 여름이 가기 전에.'

물론 이것은 자신이 원하는 것이 아닐 수 있다. 각본은 무의식의 영역에 존재하기 때문에 자신의 각본이 무엇인지 알기란 쉽지 않다. 그러나 반복되는 어려움, 잘 바뀌지 않는 문제, 매번 걸려 넘어지는 돌부리를 잘 살펴본다면 이런 각본 때문이지 않을까 짐작해 볼 수 있을 것이다.

각본은 운명과도 같은 것일까?

그렇다면 각본은 바뀔 수 없는 운명과도 같은 것일까? 이미 써진 각본대로 살아가야만 하는 것일까? 그렇지 않다. 각본을 다시 쓰면 된다. 이것을 교류 분석에서는 '재결단'이라고 한다. 사람들은 이미 써진 각본대로 살아갈 때 심리적으로 편안함을 느낀다. 무의식적으로 어린 시절에 써놓은 각본의 내용이 맞다는 것을 확인하며, 그 각본의 내용대로 살아가기를 바란다. 계속해서 같은 문제가 반복되고 또 그 문제가 쉽게 바뀌지 않는 것은 그런 이유에서다.

> 선우는 참 잘생긴 아이다. 똑똑하고 수업 시간에 적극적이고 열심히 노력한다. 재능도 많아서 짧은 시간에 적은 노력으로 많은 성취를 이룬다. 충분히 모범생이고, 리더가 될 수 있는 많은 자질을 가지고 있다. 그런데 이상하게도 선우의 주변에는 여러 가지 문제가 끊임없이 발생했다. 친했던 친구들과도 다투어서 사이가 멀어졌고, 학급 아이들과도 크고 작은 오해로 싸움이 잦았다. 선생님들과의 관계도 편안하지 않았다.
>
> 선우는 친구나 선생님이 자신을 미워하고 싫어한다고 생각했다. 그런데 상대방의 입장은 꼭 그런 것은 아니었다. 작은 오해로 시작된 일들에 대해 '나를 미워한다'는 확신을 가지고 바라보니 일이 점점 커지는 듯했다. 선우는 자신이 못생겼다고 생각하고, 본인이 가지고 있는 많은 능력에 대해서도 인정하지 않는 듯했다. 자신의 미래에 대해서도 암울하게 그리고 있었다.

에릭 번의 인생 각본 이론에 따르면, 선우는 어린 시절 자신의 인생이 불운하게 전개될 것이라는 각본을 써두었던 것 같다. 사랑받기에 충분하지 않고, 결국 실패하게 될 것이라고 말이다. 이런 각본을 패자 각본이라고 한다. 패자 각본을 이미 써놓은 사람은 무의식적으로 이를 입증하기 위해 살아간다. 주위에서 아무리 예쁘고 훌륭하다고 칭찬을 해도 거짓말이라고 일축해 버린다. 그러고는 끝내 미워할 수밖에 없는 행동을 해서 미움을 이끌어 내고야 만다. 마치 '이래도 나를 사랑할 건가요?'라고 비아냥거리는 듯이.

어린 시절에 써두었던 패자 각본을 성장하는 과정에서 새로운 인생 각본으로 고쳐 쓸 수 있다는 것은 참 다행스러운 일이다. 아이나 어른이나 사람이 바뀐다는 것이 쉬운 일이 아니지만 패자 각본을 승자 각본으로 고쳐 쓸 수 있도록 돕는 것이 교사의 역할이며, 아직 완전히 성장하지 않은 아이들이기에 각본을 고쳐 쓰는 일은 어른보다는 더 쉬울 것이다.

뭘 해도 안 되는
아이들

중학교 2학년은 악명이 높다. 북쪽에서 쳐들어오지 못하는 이유가 바로 중2 아이들이 무서워서라는 농담 아닌 농담에서부터 지구상에서 가장 말 안 듣는 아이들, 심지어 병명에도 중2라는 말이 들어갈 정도다. 나는 어쩌다 보니 중학교 2학년 담임을 가장 많이 맡았다. 자연히 중학교 2학년 학부모도 가장 많이 만났다. 중2 학부모들은 자신의 아이 하나만으로도 괴롭고 힘든 시기를 보내는 경우가 많다. 아이에게 일이 생겨 만났을 때 그들이 가장 많이 하는 말이 있다.

"선생님, 우리 애가 왜 그럴까요? 예전엔 안 그랬는데……. 저도 어떻게 해야 할지 모르겠어요."

그중 가장 인상 깊었던 학부모의 한마디는 이것이다.

"선생님, 우리 애가 사라진 것 같아요."

예전의 예쁘고 사랑스럽던 아이의 모습을 찾을 수가 없다는 하소연이었다.

아이가 사춘기를 겪는다는 건 자신의 정체성을 찾아가는 과정에서 나타나는 자연스러운 현상이며, 언젠가 겪어야 하는 일이다. 다만 아이마다 사춘기의 현상은 유형과 정도 면에서 제각각 다르게 나타나는 것 같다. 나 역시 아이와 함께 중2의 터널을 지나고 나니 학부모들의 그런 하소연이 가슴속에 콕콕 와서 박혔다. 그러나 1~2년 지나니 사라졌던 내 아이가 어느새 소리 소문도 없이 돌아와 있었다. 예전의 예쁘기만 한 아이의 모습이 아니라 훨씬 성숙하고 의젓한 친구 같은 모습으로 말이다.

지난 일은 묻지 않겠다!

어쨌든 스스로도 자신이 왜 그런지 모르고, 부모도 내 아이가 왜 그런지 모르는 혼란의 시기를 겪는 중2 아이들과 1년을 살아 낸다는 건 쉽지 않다. 그렇게 중2는 그 자체만으로도 무서운데 유독 심한 해, 심한 반이 있다. 한 해 걸러 순한 아이들, 힘든 아이들을 만난다 해서 '해거리'라고도 한다. 그렇게 나는 몇 년 전 평생 잊지 못할 '뭘 해도 안 되는 반'을 만났다.

이미 아이들은 '화려한' 1학년을 보내고 온 터였다. 내가 2학년 담임을 맡았다고 하니 주위 선생님들이 진심으로 위로와 걱정을 해주었다.

그러면서 지난 1년간 수업은커녕 생활지도도 거의 할 수 없을 정도로 중학교 1학년 대부분의 학급에서 교실 붕괴 상황이 벌어졌다고 했다.

새 학기 첫날, 대략의 이야기는 전해 들었지만 그래도 새 학년이 되었으니 새로운 희망을 가지고 잘 해보자는 의미에서 아이들에게 말했다.

"지난 일은 묻지 않겠다. 새롭게 지금 여기서 다시 시작하자."

아이들과의 첫 만남에서 큰 뜻 없이 던진 그 한마디를 아이들은 오래 기억하고 있었다.

지난 1년 내내 선생님들에게 타박만 들었던 만큼 아이들은 자신도 모르게 부정적인 인식을 쌓아 가고 있었을 것이다.

'아, 우리가 정말 이상한 아이들인가 보다.'

'우리는 그렇게 구제불능일까?'

그러던 차에 자신들의 '흑역사'를 전혀 모르는 선생님이 담임으로 왔고, 심지어는 과거를 묻지 않겠다니! 아이들은 선생님의 이 한마디에 해방감을 느꼈던 것 같다. 시간이 많이 흐른 뒤에도 아이들은 종종 "과거는 묻지 않는다면서요?"라는 말을 하곤 했다.

아이들도 처음엔 새로운 각본을 써보려고 노력했던 것 같다. 들던 바와는 다르게 아이들이 참 괜찮다고 생각할 만큼 학기 초 아이들은 조심하고 있었다. 긴장하고 탐색하며 서로 눈치를 살피고 있었던 것이다. 하지만 어른도 자기 본래의 모습을 숨기고 조심하면서 살기란 쉽지 않다. 아니나 다를까 그 시간은 그리 길지 않았고, 3월 말 수학여행을 다녀오면서 아이들은 슬슬 본색을 드러내기 시작했다.

4월 어느 날 가정 시간에 사건이 일어났다.

수업 중에 아이들은 돌아다니고, 선생님의 말투를 따라 하고, 휘파람 이나 리코더를 불어 댔다. 참다 못해 선생님이 야단치면 대들고 웃고 떠들고……

아이들은 가장 만만한 선생님을 찾아, 그 선생님을 희생양 삼아 그 시간을 자신들의 해방구로 만들어 버린 것이다. 이 아이들에게는 1학년 때 이미 비슷한 경험이 있었다. 수업 방해를 더 이상 방치할 수는 없는 노릇이었다. 나는 생활인권부 선생님과 의논하여 반 전체를 대상으로 사실을 조사했고, 이중 가장 심각하게 방해를 했던 5명의 아이들이 처벌을 받았지만 반 전체 분위기는 좀처럼 가라앉지 않았다.

4월, 5월 아이들과 각개전투를 벌였다. 대개는 말썽쟁이가 한 반에 한 명 정도 있는데, 우리 반에는 수두룩했다. 큰 사건을 일으키는 문제아는 없었지만 크고 작은 문제들이 끊이지 않았고 하루도 조용한 날이 없었다. 아이들은 누가 누가 더 말썽을 피우나 대결이라도 하는 듯했고, 나는 두더지 잡기 게임을 하는 것만 같았다. 거의 매일 수업 시간 후에 그날의 인물과 상담을 진행했다. 그 아이들과 이야기도 하고 때로는 학부모 상담도 하며 여러 가지 방법을 시도했다.

아이들은 내가 지적하는 문제에 대해 대부분은 '뭐가 문제냐?' 하는 반응을 보였다. 거기에 한 술 더 떠 이렇게 말했다.

"우리 작년에 비하면 엄청 좋아진 것 아냐?"

"맞아, 맞아. 우리 작년에는 훨씬 더 심했는데도 아무 문제 없었지?"

더 기가 막힌 건 적반하장도 유분수지 선생님들 탓까지 했다.

"교장선생님이 우리 학년을 원래 싫어해서 그래요."

"우리 학년이 처음부터 문제가 많았어요."

아이들은 툭하면 말했다.

"우리 반이 원래 ~이래요."

"우리 학년이 원래 ~이래요."

아이들은 매사에 거친 표현을 쓰고 부정적이었다. 서로 칭찬과 격려를 하기보다는 공격과 비난을 일삼았다. 체육대회를 앞두고 반 티셔츠를 맞출 때도 몇 번이나 회의를 했는데도 결국 의견 수렴이 안 돼 마지막에야 겨우 정했다. 그리고 나서도 아이들은 못마땅해서 투덜거렸다.

체육대회 예선전에서도 서로 응원을 해주기는커녕 피구 경기에 참가하는 같은 반 여자아이들에게 몇몇 남자아이들이 비난과 욕설을 퍼부었다.

"돼지 같은 년!"

"그것도 얼굴이냐!"

이 말을 들은 여자 선수들은 울고불고했다.

체육대회 당일에도 선수로 나선 아이들은 어떤 경기에서도 최선을 다하지 않았다. 어디서 어떤 비난이 쏟아질지 모르는 분위기에서 기량을 마음껏 발휘할 수는 없었을 것이다.

'우리 반은 뭘 해도 안 돼!'

이런 분위기가 팽배해 있었다.

　결국 우리 반은 체육대회 전 종목에서 순위권에 들지 못한 것은 물론 최종 점수가 0점이었다. 햇볕이 쨍쨍 내리쬐는 그늘 한 점 없는 운동장에서 응원할 것도 없는 아이들과 하루 종일 앉아 있는 것 자체가 고통이었다.

인생 각본을 다시
놀 수 있을가?

정도의 차이는 있겠지만 사람들은 자신의 삶을 바꾸고 싶어 한다. 그러나 인생 각본을 바꾸고 재결단을 한다는 것이 말처럼 쉽지 않다. 어른들도 하기 어려운 이 일이 아이들에게는 얼마나 더 어렵겠는가. 하지만 달리 생각해 보면 아직은 사고가 유연한 아이들이기에 더 늦기 전에 바뀌 나갈 수 있을지도 모른다. 어찌 됐건 아이들이 인생 각본을 바꿀 수 있도록 선생님들은 구체적인 도움을 주어야 한다.

인지이론가들은 인간을 자기 행동에 대한 능동적인 주체로 보고, 행동을 변화시키기 위해서는 인간의 인지를 변화시켜야 한다고 주장한다. 목표를 성취하는 데 외적 강화보다는 사고와 감정이 중요하며 환경에 대해 어떻게 해석하는지가 중요하다는 것이다.

미국의 심리학자 앨버트 반두라(Albert Bandura)는 자기 효능감을 높이는 것이 행동을 변화시키는 데 중요하다고 보았다. 즉 자기 자신이 행동을 변화시킬 수 있다고 기대하는지의 여부가 행동 변화를 일으키는 데 가장 중요한 요소라는 것이다. 자기 효능감이 높은 사람은 저 산을 오를 수 있다고 생각하고 힘든 여건을 극복하여 결국 해내겠지만, 자기 효능감이 낮은 사람은 못 오르리라 생각하고 자기 한계에 이르는 노력을 하지 않을 것이다.

자기 효능감은 어디에서 오는가?

그렇다면 자기 효능감은 어디에서 오는가? 반두라는 실제 경험, 대리 경험, (부모의) 언어적 설득, 생리적 각성 등이 자기 효능감 형성에 주요한 요소라고 보았다. 목표를 달성하고 자기만족을 직접 경험했을 때, 그와 비슷한 경험을 지켜보면서 대리 경험했을 때, 부모가 자기 효능감을 기를 수 있도록 언어적 설득을 통해 격려해 줬을 때 자기 효능감이 높아진다는 것이다. 그렇다면 부모나 선생님은 아이들의 자기 효능감을 길러 주기 위해 무엇을 할 수 있을까?

귀인 이론을 연구한 미국의 심리학자 버나드 와이너(Bernard Weiner)는 목표를 성취했을 때 그 원인을 무엇이라고 인식하는지가 중요하다고 보았다. 사람들은 목표를 성취한 원인에 대해 주로 능력과 노력의 두 가지 측면으로 바라본다.

무기력한 학생들의 경우 성공을 외적 원인으로, 실패를 능력 부족으로 귀인(歸因, attribution)하는 경향이 있다. 실패를 통제할 수 없는 원인으로 귀인시킨다면, 그 사람은 스스로를 변화시킬 수 없다고 인식할 것이다. 이것이 바로 학습된 무기력이다. 이 상황에서는 자신이 아무리 노력해도 좋은 쪽으로 바뀔 가능성이 전혀 없다고 믿고 완전히 의욕을 잃게 된다. 어떻게 하면 되는지 아는데도 안 되는 자신이 싫고, 이미 그른 사람으로 느끼는 것이다. 무기력한 사람들은 대부분 실패 상황에 직면하면 자신의 낮은 능력 때문이라고 보며 이를 개선할 수 없다고 생각한다. 과제 수행을 위해 노력하지 않고 어려움에 직면했을 때 쉽게 포기하고 도전하지 않는다. 이를 극복하기 위해서는 무기력한 행동을 일으킬 수 있는 귀인 양식을 갖지 않도록 해야 한다. 자기영속적 순환 과정에 빠지지 않도록 해야 한다.

작은 성공 경험을 쌓게 하라

아이들이 무기력에 빠지지 않도록 하려면 어떻게 해야 할까? 사람은 해결책이 있다고 생각하면 무력감에 빠지지 않는다. 능력 부족이 아니라 노력 부족이라고 생각하면 좀더 노력하면 바꿀 수 있다고 믿는다. 따라서 교사는 학생들이 도전할 수 있는 범위 내에서 성공의 경험을 쌓을 수 있도록 해주어야 한다.

다시 우리 반 아이들의 이야기로 돌아가 보자. 아이들은 지금의 상황이 싫지만 그렇다고 어떻게 바꾸어야 하는지도 모르는 무기력한 상태였다. 그런 상태에서 재미만을 추구했다. '뭘 해도 안 되는 반'이었던 한 아이가 졸업하고 몇 년 후에 찾아왔기에 물어보았다.

"그때 너희는 왜 그랬던 거니?"

그 아이의 대답은 좀 의외였다.

"우리는 그냥 재미있었는데요."

아이에게 다시 물었다.

"그래? 초코파이를 던지면서 놀았던 게 재미있었니?"

그러자 아이는 민망해했다.

"아, 우리가 그런 짓도 했죠."

그런 상황에서 우리는 무엇을 할 수 있을까?

아이들에게 크고 작은 성공을 경험할 수 있도록 토대를 마련해 주고, 할 수 있다고 계속 격려를 함으로써 자기 기대를 바꿔 나갈 수 있도록 도와야 한다. 자신에 대한 인지와 기대를 바꿔 나갈 수 있는 프로그램을 구체적으로 제시해 주어야 한다.

바람대로
살아가기

　아이들이 과연 바뀔 수 있을까? 아이들 못지않게 나도 무기력의 늪에 빠질 뻔했던 찰나 시도했던 '바람대로 살아가기(WDEP)' 프로그램이 모두에게 다시 작은 기대감을 갖게 했다.

　아이들이 이미 가지고 있는 인생 각본은 대략 일곱 살에 완성된 것이기 때문에 현실적이지도 않고, 왜곡된 인식의 영향일 가능성이 크다. 또 미숙한 판단으로 하는 것이므로 완성도가 떨어질 수밖에 없다. 따라서 '지금, 여기!'에 맞는 현실적인 각본으로 고쳐 써야 한다. 그러나 이것은 쉬운 일이 아니다. 아이들도 마찬가지다. 그래서 아닌 줄 알면서도 반복하는 것이다.

　그렇다면 어떻게 그 고리를 끊어 줄 수 있을까? 먼저 현재의 문제점을 직시하고, 무엇을 어떻게 고치고 싶은지를 고민해야 한다. 새로운 인생 각본을 머릿속에 그려 보고 이를 각인시켜야 한다. 1학기 동안 두더지 잡기 게임을 하듯 문제가 있는 아이들과 끊임없이 상담을 했고 열심히 담임 노릇도 했다. 그러나 그다지 달라지는 것 같지 않았다.

그러던 어느 날, 아침 지각생부터 수업 시간에 말썽을 부린 아이까지 이런저런 크고 작은 일들로 하루에 상담해야 할 아이들이 20여 명에 이르렀다. 대부분 고쳐지지 않고 반복되는 문제들이었다. 말 그대로 패자 각본 속에 살고 있었다. 이제 어떻게 해야 할까? 이 아이들에게 뭘 더 할 수 있을까? 답답하고 절망스러웠지만, 계속 골머리를 싸매는 가운데 뭔가 아이들이 깊이 성찰하는 계기를 만들어 봐야겠다는 생각에 이르렀고, 현실 요법에서 배웠던 'WDEP 기법'을 적용해 자신을 돌아보도록 해야겠다고 생각했다. 그렇게 해서 만들어진 것이 '바람대로 살아가기' 성찰문이었다.

'지금, 여기!'에 맞는 현실적인 각본으로 다시 쓰기

1. Wants_내가 바라는 나의 모습은 어떤 것인가요?

2. Doing_그런데 나의 모습은 어떠한가요?

  • 나의 학교생활에서 가장 문제가 되는 것은?

  • 가장 고치고 싶은 부분은?

3. Evaluation_내가 바라는 나의 모습과 실제 생활하는 모습이 일치하나요? 스스로 평가해 보세요. 일치하지 않는다면 어떻게 다른가요?

4. Plan_내가 바라는 나의 모습대로 살아가기 위한 나의 계획을 구체적으로 써

보세요.

5. 뒷면에 '내가 바라는 나의 모습대로 살아가고 있는 나'를 그림으로 표현해 보
   세요.

아이들과 이야기를 나눌 때는 미래지향적인 내용으로 하는 것이 바람직하고, 긍정적인 다짐 등을 이미지로 머릿속에 각인할 수 있으면 더 큰 효과를 거둘 수 있다고 해서 자신의 바람대로 변화된 모습을 그림으로 그려 보게 했다. 아이들은 나름 진지하게 생각하더니 글과 그림으로 표현했다.

전형적인 패자 각본을 쓰고 있는 관심이

사람들은 어떻게 어린 시절에 인생의 중요한 결정인 각본을 쓰게 되는 것일까? 각본 형성에 중대한 영향을 끼치는 것은 어린 시절 부모의 금지 명령이라고 한다. 물론 부모는 그런 금지 명령을 한 것을 의식하지 못한다. 각본은 감정과 현실에 따라 아이가 받아들이고 결정하는 것이기 때문이다. 영·유아기와 아동기를 거치면서 아이는 부모의 표정이나 몸짓 등 비언어적 메시지를 통해 각본을 형성해 간다. 부모의 금지 명령 중 가장 아이에게 치명적인 메시지는 "존재하지 마라"다. 이런 메시지를 가지고 있는 아이는 자신이 사랑받을 수 없음을 계속해서 입증하려 하고, 타인과 신뢰관계를 형성하는 데 큰 어려움을 겪는다.

어느 해 학기 초에 눈을 찔끔거리는 버릇이 있는 관심이를 만났다. 일종의 틱 증상이었다. 3월 첫 주쯤 덩치가 큰 친구를 놀리다가 싸움이 되고 몇 대 얻어맞은 사건이 있었다. 관심이는 초등학교 시절 꽤 똑똑하고 예의 바른 아이였다고 한다. 학습에도 흥미와 재능이 있어 영재 수업을 받기도 했다. 그런데 부모의 사업 실패와 이혼 등으로 경제적, 심리적으로 어려움을 겪으면서 점점 엇나갔다.

관심이는 선생님의 말에 반대로 행동했다. 앉으라면 일어서고, 책을 보라고 하면 엎드리고, 꼬박꼬박 말대답을 했다.

"싫은데요, 왜 해야 하는데요?"

수업 중에는 엉뚱한 대답을 해서 진지한 수업 분위기를 웃음거리로 만들고, 청소 시간에는 빗자루를 던지고 책상을 넘어뜨렸다. 어떻게 하면 선생님을 화나게 만들까 궁리하는 아이 같았다.

친구들을 대하는 태도도 마찬가지였다. 말끝마다 욕설을 덧붙였고, 아이들에게 상처 주는 말도 서슴지 않았으며 툭하면 여자아이들을 울리곤 했다. 체육대회에서 경기를 하고 있는 같은 반 친구에게 "그렇게밖에 못하냐? 나가 뒈져라"라고 악담을 퍼부었다. 그뿐만이 아니었다. 식사 시간에는 맛있는 반찬을 산더미처럼 쌓아 놓고 먹고, 먹은 후에는 식판을 아무렇게나 던져 놓았다. 학급 행사도 방해해서 망쳐 놓기 일쑤였다.

관심이는 학기 초 상담을 할 때 태도부터 매우 비협조적이었다. '어차피 선생님은 나를 싫어하고 미워한다, 바뀌지 않을 것이다'라고 생각한

듯하다. 전형적인 패자 각본이었다. 이후 심각한 교권 침해와 수업 방해, 언어폭력 등으로 선도위원회에 불려 가기도 했다. 그러나 관심이는 여러 사건을 겪으며 점점 바뀌는 것 같았다. 이후 상담에서 몇 번 진심 어린 눈물을 흘리는가 하면 잘하고 싶은데 마음대로 안 된다고 고백하기도 했다. 나는 그런 아이에게 '너를 미워하는 것이 아니다. 네가 진심으로 잘되길 바란다. 인생 각본을 바꿀 수 있다'고 강조했다. 눈물에 몇 번 깜박 속은 기분이 들기는 했지만, 이후 아이는 많이 바뀌었다. 선생님이 자신을 미워하는 게 아니라는 것을 알 것 같다고 했고, 그토록 방해하던 학급 행사도 사실은 하고 싶었다고 했다.

인생 각본은 일곱 살 이전에 쓴다고 한다. 그야말로 무의식의 영역에 존재한다. 사람들은 살아가면서 자신이 쓴 인생 각본을 끊임없이 확인하고자 한다. 관심이도 자신이 쓴 패자 각본을 계속해서 확인하고자 했

잘했구나,
많이 나아졌다.

나,
많이 나아져서 칭찬을 받는다.

:: 관심이가 바라는 것은 선생님에게 인정을 받는 것이다.

다. '그것 봐, 나는 거절받고 처벌받아 마땅한 인간이잖아'라고.

'바람대로 살아가기' 성찰문에서 관심이에게 원하는 삶의 모습을 그림으로 표현해 보라고 했다. 아이는 거친 행동 이면에 자리한 잘하고 싶은 속마음을 그대로 드러내 보여 주었다.

학급 사진 속의 아이 얼굴은 어둡고 어딘가 주눅 들어 있었는데, 아이도 그걸 알고 있었던 듯하다. 자신이 원하는 삶을 살아가기 위한 계획을 써보라고 하니 항상 웃겠다는 말이 있었다. 아이가 이 성찰문 이후 한순간에 바뀌지는 않았지만 조금씩 노력하는 모습이 보여 흐뭇했다. 아이가 이 계획들을 삶의 순간마다 떠올리고 실천한다면 새로운 승자 각본을 쓸 수 있을 것이다.

오직 나만 소중한 응석받이들

누구나 사랑받기 위해 태어났으며, 세상에 어느 한 아이 소중하지 않은 아이가 없다. 그 어떤 사람도 부모에게는 눈에 넣어도 아프지 않을 소중한 자식이다. 문제는 함께 살아가는 사회에서 그것이 나에게만 적용되어야 한다고 생각할 때, 나의 소중함이 타인에게도 보편적으로 적용된다는 생각까지 나아가지 못할 때다. 나의 권리가 너무 소중한 나머지 너의 권리를 미처 생각하지 못한다는 데 함정이 있다. 나의 시각으로만 세상을 바라보기 때문에 나만 괜찮으면 만사가 문제없다는 식이다. 이런 응석받이 성향을 보이는 두 아이가 있었다. 집안에서 늦둥이로 태어난 아이와 형제자매 없이 홀로 자란 외둥이였다.

늦둥이로 태어난 아이는 위로 형제가 둘 있었고, 둘째 형과는 열 살 이상 차이가 났다. 온 가족의 사랑을 독차지하는 눈에 넣어도 아프지 않은 귀한 자식이었다. 잘못을 해도 야단맞는 일이 거의 없었고 언제나 용서가 되었다.

그래서인지 늦둥이는 학교에서 기본적인 규칙을 잘 지키지 않았다. 청소할 때 매번 도망가고, 실외화를 신고, 거짓말하고, 수업 시간에 돌아다니거나 떠들어서 방해를 하고, 친구들에게 험한 말로 상처를 주곤 했다. 선생님이 따끔하게 혼을 내도 심각하게 받아들이지 않았고 반성도 하지 않았다. 반성은커녕 선생님이 자신을 미워해서 그러는 거라고 생각했다. 늦둥이의 어머니와 이야기를 나누어 보아도 별 문제 아닌 듯 여겼다. 그저 자신이 너무 버릇없이 키운 탓이라는 말만 되풀이했다. 어머니에게 늦둥이는 예쁘기만 한 내 자식이었던 것이다.

이 아이는 자신이 바라는 모습을 다음과 같이 말했다.

성실하고 정직하고 바른 사람
틀렸다고 생각하는 것은 끝까지 고치려고 노력하는 사람

그리고 자신이 바라는 모습대로 살아가기 위한 계획 중에 '샘이랑 웃으며 대화하기'가 있었다. 그때 나는 비로소 깨달았다.

'아, 내가 이 아이와 대화할 때 늘 굳은 표정이었구나.'

나도 아이와 함께 반성하고 새롭게 다짐했다.

'앞으로는 아이와 웃으면서 대화하자!'

또 한 아이는 친가와 외가 통틀어 아이라고는 하나, 부모가 늦은 나이에 얻은 외둥이였다. 외모도 하는 행동도 초등학교 저학년 같았다. 수업 시간에 계속 이야기를 하여 수업을 방해하고, 쉬는 시간에도 교실에서 잠시도 가만있지 못했다. 한 선생님은 이런 외둥이를 보고 '소금 뿌려 놓은 미꾸라지 같다'고 했고, 여러 선생님이 ADHD 아니냐며 정상 범주의 아이인지 물어보았다. 아이들에게도 끊임없이 유치한 장난을 일삼고 아무렇게나 말하고 거침없이 행동했다. 다른 사람들은 안중에도 없었다. 친구들이 불만을 제기하면 그냥 장난이었다고 했다. 모든 게 재미있고 언제나 "I'm OK"였다. 성격 검사에서는 정신 건강이 양호하며 '항상 행복함을 느끼는 아이'라고 했다.

다른 사람을 배려하기는커녕 고려하지도 않는 이 아이와 여러 차례에 걸쳐 이야기를 나눠 보았다. 나와 대화를 하는 중에도 휴대전화를 만

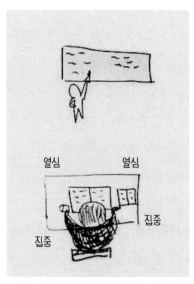

열심   열심

집중

집중

:: 외둥이의 속마음은 '열심, 열심, 집중, 집중'이었다.

지작거리고, 학원 때문에 가야 한다고 하고, 상대방의 말은 듣지 않고 자기 이야기만 했다. 한마디로 소통이 되지 않았다. 누구에게도 야단맞아 보지 않은 아이 같았다. 이렇게 예쁘고 귀엽고 사랑스러운 자신을 야단친다는 것은 상상도 할 수 없는 일이라는 식이다.

그토록 산만하던 이 아이의 속마음은 '열심, 열심, 집중, 집중'이었다. 이 아이에게도 이런 간절한 마음이 있었구나 싶어 놀라는 한편으로 희망을 발견하기도 했다.

헬리콥터 맘과 압박받는 아이

요즘 아이들은 어른들 못지않게 바쁘다. 아이들은 호소한다.

'어른들은 회사에 다녀오고 나면 쉬잖아요. 그런데 왜 우리는 학교에 다녀와서도 쉬지 못하고 학원으로 과외로 쉴 틈 없이 하루하루를 보내야 하나요?'

아이들의 스케줄을 엄마들이 모두 내려다보고 조종한다고 해서 만들어진 신조어가 '헬리콥터 맘'이다. 아이들이 학원에 오고 가는 시간이 부모의 휴대전화에 문자로 전달된다. 아이들에게 여가 시간은 없다.

갑작스럽게 단축 수업을 하던 날, 종례 시간에 아이들이 물었다.

"선생님, 오늘 수업 일찍 끝나는 거 엄마한테 문자 보내셨나요?"

만약 문자를 보내지 않았으면 잠깐이라도 PC방에 가겠다는 뜻이다.

이렇게 스케줄을 철저히 관리하는 부모 밑에서 유독 압박감을 느끼는 아이가 있었다. 압박이는 심리적으로 억눌려 있음을 쉽게 알 수 있었다. 늘 빈틈을 찾았고, 그 빈틈 속에서 최대 효과를 보고 싶어 했다.

압박이의 부모는 모두 박사였다. 3월 초 학급 아이들에게 이고그램 검사지 (자아 상태 검사, 성격 검사)를 나눠 주고 하게 한 적이 있는데, 압박이는 모두 3번으로 체크하고 엎드렸다. 나중에 이야기해 보니 이런 검사를 많이 해봤다고 한다. 아이는 조금 엉뚱했지만 심성은 그리 나쁘지 않았다. 언젠가 아이는 부모가 모두 박사이다 보니 기대치가 높고 이것이 부담스럽다며 눈물을 보였다. 아이는 부모의 기대에 부응하기 위해서인지 공부나 봉사활동 등을 열심히 했다. 그러나 조금이라도 빈틈이 보이면 여지없이 일탈 행동을 했다. 평소 느끼는 갑갑함의 표출일 수도 있다고 생각했다.

아이는 주요 교과 공부는 열심히 했지만 도덕, 음악, 기술가정 등의 비주류 교과 시간에는 수업을 심각하게 방해했다. 체험학습 등에서도 선생님이 잠시 방심하면 단체활동에서 이탈하는 등 급격하게 망가지는 모습을

:: 압박이의 책에는 '음악'이라고 쓰여 있었다.

보였다.

아이는 주요 교과가 아닌 시간에 자신이 망가지는 문제가 자신의 생활 중 가장 문제되는 행동이라고 답하고, 바라는 모습에 책상 앞에 앉아 열심히 공부하는 모습을 그려 넣었다. 자세히 보니 책에는 '음악'이라고 쓰여 있었다. 자신의 문제점을 진지하게 성찰하고 결과만이 아니라 과정을 중시하며, 매사에 성실하게 생활하겠다는 마음다짐을 하고 있는 것이 느껴져서 기특하다고 칭찬해 주었다.

일탈 행동을 보이며 반항하는 아이들

사람은 누구나 인정받고 싶은 욕망이 있다. 나를 인정해 주는 사람 앞에서는 내가 좋은 사람으로 느껴지고 그래서 더 좋은 사람으로 보이기 위해 애를 쓴다. 그러나 나를 부정적으로 평가하는 사람 앞에서는 열심히 하고 싶은 마음이 사라진다. 이럴 때 아이들은 '어차피 찍혔다'고 생각하고 점점 더 비뚤어진 모습으로 이것을 증명하려 한다.

선량한 미소와 카리스마를 동시에 지닌 아이가 있었다. 이 아이는 자신의 능력과 매력을 인정해 주는 담임선생님 앞에서는 선량한 미소를 지으며 협조적이고 아이들을 잘 통솔하는 리더십을 보여 주었다. 그런데 몇몇 교과 선생님들은 이 아이가 불손하고 수업 태도가 바르지 않다고 했다. 어느 시간에 수업 태도가 크게 문제가 되어 아이와 이야기를 나누게 되었는데, 아이는 그 선생님이 자신에게 '중2병'이라고 지적하고 야단쳐서 이미 찍혔기 때문에, 자신이 그 선생님 앞에서는 점점 더 반항적인 모습을 보이게 된다고 털어놓았다.

검사를 꿈꾸는 아이도 있었다. 성적이 좋고 약간 마르고 금테 안경을 낀 모습이 장래희망과 잘 어울린다는 느낌이었다. 그런데 청소 시간에 한 친구와 말다툼이 있었다. 두 아이의 이야기를 들어 보니, 검사를 꿈꾸는 아이가 아이들 사이에서 서열이 낮게 생각되는 친구를 무시하는 말과 행동을 했던 것이다. 검사를 꿈꾸는 아이는 서열이 낮은 아이와 엮이는 것 자체를 기분 나빠 했고, 급기야 이런 말까지 했다.

"너 때문에 선생님한테 찍혔잖아!"

그날 이후 검사를 꿈꾸는 아이의 태도가 달라졌다. '나, 비뚤어지고 말 테다!' 하는 태도를 보였다. 성정이 곧은 아이였는데, 도전적인 눈빛에 말투도 공격적이었다. 일부러 그러는 것 같았다.

'나는 이미 찍혔고 선생님은 나를 나쁘게 볼 것이다. 고로 나는 계속 비뚤어질 테다!'

다른 사람의 시선을 지나치게 의식하고 인정에 대한 욕구가 너무 큰데, 자신의 그릇이 그만큼 안 된다는 것에 좌절하는 것 같았다. 패자 각본을 썼기 때문에 어쩔 수 없다고 지레 겁먹고 포기하는 것 같았다. 아이가 무언가에 분노하고 있는 것 같기도 했다.

반장도 하고 싶고 외고도 가고 싶지만 객관적으로 부족한 자신을 느끼며 잘하려고 노력하기보다는 어차피 안 된다고 좌절하는 것 같아 안타까웠다. 모차르트를 시샘하는 살리에리 같았다.

이 아이에게 여러 차례 속마음과 표현이 다른 것 같다고 말해 주었다. 조금만 용기를 낸다면 자신의 마음속 깊은 곳에 있는 따뜻한 자아를 발견하고, 진짜 자아가 말하는 대로 살아갈 수 있을 것 같았다. 그러나 아이는 계속 망설였고 각본을 새롭게 쓰기 위한 작은 용기를 내지 못한 채 그 주변을 서성였다. 그리고 그 모습이 내 눈에 들어왔다. 조금만 더 기다려 주면 아이는 언젠가 재결단의 용기를 낼 것이다. 기대의 끈을 버릴 수는 없었다.

'지금, 여기!'에 맞는 새로운 각본으로

WDEP 프로그램을 일단락한 뒤 아이들과 함께 '바람대로 살아가기' 성찰문과 그림을 보았다. 아이들이 평소 보여 준 행동과는 상반된 것이어서 직접 작성한 아이도, 함께 지켜본 반 아이들도, 물론 담임인 나도 많이 놀라고 새로운 깨달음을 얻었다.

이후 아이들의 행동이 크게 변한 건 아니었다. 여전히 학교에 늦었고, 수업을 방해했으며, 청소 시간에 도망을 쳤다. 그런데도 아이들 각자가 열심히 노력하고 있다는 진심만은 느낄 수 있었다. 그런 속마음을 몰랐을 때에 비해 화나는 마음도 덜했다.

"선생님, 어제 청소하고 갔어요."

"선생님, 제가 급식 배식 준비 다 해놨어요."

관심이가 이런 말을 할 때면 아이가 그린 그림을 떠올리며 그림 속의 선생님처럼 머리를 쓰다듬으며 훨씬 과장해서 칭찬을 해주었다. 늦둥이를 야단치다가도 '샘과 웃으며 대화하고 싶다'던 말이 생각나 한 번씩 웃어 주곤 했다.

기대라는 측면에서 봤을 때 학교에서 만나는 문제가 되는 아이들은 자기 기대가 지나치게 높거나 낮은 경우가 대부분이다. 외둥이나 늦둥이는 자기 기대가 지나치게 높고, 관심이나 반항적인 아이들은 그 반대라고 할 수 있다. 전자의 경우에는 내가 아무렇게나 행동해도 다 수용되리라고 생각하기에 행동 수정이 잘 이루어지지 않고, 후자의 경우는 자포자기해서 문제 행동을 계속하게 된다.

"저는 원래 그래요. 어차피 선생님도 저에 대해 그렇게 생각하시잖아요."

자아상은 이미 부모와의 관계에서 형성된 것이지만, 이런 경우 교사가 할 일은 다른 기대의 양식을 보여 줌으로써 '지금, 여기!'에 맞는 새로운 각본을 써나갈 수 있도록 도와주는 것이다. 집에서 부모가 해야 할 역할도 마찬가지라고 생각한다. 전자의 경우는 모든 행동이 수용되는 것이 아니라는 것을 알려 줘야 하고, 후자의 경우에는 잘할 수 있다는 것을 보여 줄 기회를 마련해 줘야 한다. '바람대로 살아가기' 프로그램은 자신의 현재 자아상과 지향(바람)을 직면하게 함으로써 자신의 인생 각본을 바꿀 수 있는 시도를 할 수 있게끔 도와줄 것이다.

　개인의 인생 각본을 재결단을 통해 바꿔 나갈 수 있는 것처럼 학급 각본 역시 마찬가지다. 아이들은 손에 각자 자신이 일곱 살 무렵에 쓴 인생 각본을 하나씩 들고 있다. 다양한 각본을 가진 아이들이 만나 학급 각본을 만든다. 이 각본들은 서로 조화를 이루고 때로는 대립하고 갈등하며 뒤엉켜 학급이라는 집단의 각본을 만들어 낸다. 교사는 이러한 학급 각본의 작가이자 연출가가 되어 아이들과 함께 평화로운 학급의 각본을 새로이 써나갈 수 있어야 한다. 아이들이 평화로운 삶을 새롭게 경험할 수 있도록. 교회나 청소년 단체, 동아리 등 학교가 아닌 공간에서도 아이들과 함께 생활하는 선생님들이 응용해 볼 수 있을 것이다.

　여러 해 담임을 해오며 해마다 아이들과 함께 하는 학급 프로그램들이 있다. 학년 초에 자세한 자기소개서와 성격 검사 등을 하고 이를 바탕으로 상담을 한다든지, 월별 생활평가서나 학급 행사 후 평가서를 쓰고 함께 평가해 본다든지, 단합대회 등 학급 행사를 하고 이런 내용을 바탕으로 학년 말에 학급 문집을 만드는 등이다. 해마다 비슷하게 학급 운영을 해왔는데 유독 그 해에는 그 어떤 프로그램을 들이밀어도 성과를 거두지 못했다. 검사지에 한 번호로 찍거나 무엇이든 성의 없이 적어 내고 인원수대로 걷히지도 않았다. 학급 행사도 제안해 보았지만, "그걸 왜 해요? 하기 싫어요~" 하는 바람에 마음에 상처만 입고 행사를 접어야 했다.

아이들은 무질서했다. 급식 시간에 한 명당 한 개씩 나오는 주스나 요플레 등 후식이 자주 없어졌다. 아무리 신경을 써도 어느 순간 사라져 마지막에 가면 못 받는 아이가 생기곤 했다. 급식판을 던져 놓듯이 하여 급식차는 엉망이었고 수저와 젓가락도 자주 없어졌다. 후식용 음료수 병 등의 분리수거도 잘 이루어지지 않았고, 남의 자리에서 밥을 먹고 뒤처리도 하지 않았다. 청소 시간에 도망가는 아이를 잡느라 술래잡기를 해야 했다. 자기 맡은 역할을 성실하게 해내는 아이들을 찾아보기가 어려웠다. 오죽했으면 학년 말에 행동발달상을 줄 아이가 없어서 고심해야 할 정도였다.

아이들 개개인에게 각본이 있듯이, 그런 아이들의 각본이 모여 학급의 집단 각본을 이룬다. 학급의 각본 역시 승자 각본과 패자 각본이 있는데, 우리 학급의 각본은 패자 각본이었다.

모든 교과 선생님들한테 수업하기 싫은 반 1순위였고, 성적은 늘 꼴

등이었으며, 학급의 단합이 필요한 체육대회나 합창대회는 즐겁기는커녕 불화만 키우는 시간이었다. 아이들도 이런 반에 소속되어 있는 것이 싫었을 것이다. 아이들은 '우리에게 그 어떤 교육도 강요하지 마세요'라고 온몸으로 말하는 것 같았다.

아이들은 처음부터 학급에 대해 부정적인 기대를 갖고 있었다. 하루하루가 지나면서 부정적인 이미지는 더욱 선명하고 확고해졌다. 그리고 반복되는 패배 경험으로 인해 무력감에 빠져들었다. 학습된 무기력. 이런 상황에서 아이들은 새로운 각본을 쓰고자 하는 엄두조차 내지 못했다. 어차피 안 된다는 생각이 지배적일 때 아이들은 어떻게 행동할까? 언젠가 학년별 체육대회에서 목격했던 장면이 떠오른다.

반 전체 이어달리기 시합이 있었다. 한 학년이 함께 반 전체 이어달리기를 하는데, 바통 대신 조끼를 전달하여 이것을 온전히 입고 달리는 것이 규칙이었다. 그런데 시합 도중에 우리 반의 한 아이가 조끼를 입지 않고 들고 뛰는 바람에 실격이 될 위기에 놓였다. 그러자 이후 주자들이 일부러 걷거나 뒹굴고, 신발끈을 묶고, 조끼도 천천히 입고 여유를 부리다가 마지막에는 다 같이 어깨동무를 하고 들어왔다. 애초에 이기고 싶은 마음이 없었던 것이다. 악착같이 이기고 싶어 하는 반 분위기였으면 애초에 실격 처리될 만한 행동을 하지 않았을 것이고, 그런 일이 일어났어도 다 같이 속상해하거나 실격 처리를 유발한 아이를 나무랐을 것이다.

'반 전체 이어달리기를 한다고 하는데 우리 반은 체육에 소질이 없다.

구성원만 봐도 이미 우리 반은 달리기는 포기다. 열심히 뛸 마음도 없다. 더구나 실격이라고 한다.'

아이들은 시합을 처음부터 포기하고 있었는데, 도중에 실격 위기에 처하자 될 대로 되라고 생각했던 것 같다. 부정적인 자기상을 인정하기 싫고 프로그램의 요구에 따르고 싶지도 않다, 우리는 우리대로 즐기겠다. 이 아이들의 생각이 때로는 일탈의 방향으로 나아가기도 하고 교사들의 요구를 웃음거리로 만들기도 한다. 그리고 아이들은 그것을 '재미'라고 이름 붙인다.

그렇다면 이러한 패자 각본을 승자 각본으로 다시 쓸 수 있을까?

승자 각본으로 다시 쓰기

패자 각본을 승자 각본으로 다시 쓰기 위한 방법은 3단계로 나누어 볼 수 있다.

1단계는 주도면밀하게 계획하기다.

담임의 지칠 줄 모르는 잔소리 때문이었는지 2학기가 되자 아이들은 조금씩 되는 것과 안 되는 것을 구분하게 되었다. 최소한 담임이 잘못을 지적했을 때 그것이 잘못된 행동이라는 것을 인정하게 되었다. '바람대로 살아가기' 프로그램이 나름 성과를 거둔 것도 같았다. 이제 새로운 학급 각본을 써나갈 전환의 계기가 필요하다고 생각했다. 그래서 다시 한 번 학급 단합대회를 준비했다. 지난번에 아이들의 투덜거림 때문에 단합대회가 무산된 적이 있어서 이번에는 조용히 주도면밀하게 계획을 세웠다. 이 일을 계기로 학급을 변화시킬 수 있는 작은 기회라도 마련했으면 싶었다.

36:1은 불리하다. 아이들과 일대일로 만났다. 그리고 센 척하는 겉모습에 가려진 아이들의 속마음을 읽고자 했다. 그 결과 목소리 큰 아이들의 투덜거림 때문에 제 목소리를 못 냈을 뿐, 대부분의 아이들은 단합대회를 하고 싶어 했다. "그런 걸 왜 해요?"라고 투덜거린 아이들도 마지못해 하겠다고 말했지만, 속마음은 하고 싶어 한다는 것을 알 수 있었다. 학급회의 시간에 지난번처럼 방해하지 못하도록 입단속을 시킨 후 반 전체에게 말해서 일단 단합대회를 하기로 결정했다.

2단계는 낯설게 하기다.

생각해 보면 담임의 역할 중에 가장 힘든 일 가운데 하나가 교실 자리 배치와 모둠 구성이다. 수학여행을 간다고 할 때도 아이들이 가장 먼저 묻는 것은 버스 타는 자리를 어떻게 정할 것이냐다. 그만큼 아이들에게는 또래관계가 중요하다. 아이들은 친한 친구들과 짝을 하고 모둠을 만들고 싶어 한다. 그러나 아이들의 희망대로 해주다 보면 소외되는 친구가 있기 마련이다. 더욱 중요한 문제는 아이들의 관계가 고정되고 고착화된다는 것이다. 소외되는 아이 없이 새로운 관계, 더욱 평화로운 관계를 맺도록 해주려면 계기가 필요하다. 고정된 이미지를 벗어나려면 새로운 이미지를 만날 계기가 있어야 하는 것이다. 단합대회 같은 학급 행사는 친구들의 새로운 면모를 발견하고 새로운 관계를 맺을 수 있는 중요한 기회다.

아이들은 기존의 친한 친구들과 모둠을 하겠다고 했지만 아이들을 설득하여 새로운 친구들과 섞일 수 있도록 시도했다. 단합대회 준비위원회를 꾸리고 아이들을 마구 섞어서 6개의 모둠을 구성했다. 모둠장들에게 모둠원들을 제비뽑기하도록 하고, 그 결과를 놓고 약간의 조절 과정을 거쳤다.

3단계는 알리바이 제공하기다.

단합대회에 모둠별 장기자랑도 넣었다. 아이들은 처음에는 무슨 장기자랑이냐며 투덜거렸지만 곧 나름대로 준비를 철저히 하는 듯했다. 평소에 투덜거리고 핀잔주고 방해하는 역할만 하다가 적극적이고 열심히 하는 모습을 보여 주기가 쉽지 않았을 것이다. 학급 친구들 앞에서 새로운 모습을 보여 주려면 용기가 필요하다. 그럴 때는 '나는 학급의 단합을 위해 망가지는 것이 아니야, 단지 상을 위해서 그럴 뿐……'이라고 생각하면 훨씬 가벼운 마음으로 참여할 수 있다. 센 척하는 아이들의 자존심을 건드리지 않고 망가지게 할 수 있는 것이다. 새로운 모습을 보여 줄 수 있도록 장치를 마련해 주는 것, 이것이 알리바이 제공이다.

자연스럽게 분위기가 조성되니 절대 그런 모습을 보여 줄 것 같지 않았던 아이들이 여장을 하고, 귀요미 춤, 걸그룹 댄스, 우스꽝 춤, 노래 등으로 웃음과 감동을 주었다. '친구의 재발견'이 이루어졌다. 너무도 의외인 서로의 모습에 아이들은 놀라면서도 즐거워했다. 단합대회를 마치고 쓴 소감문에서 한 아이는 "우리 반이 단합할 수 있다는 사실에 놀랐다"고 했다.

항상 찡그리고, 야단맞고, 같은 반이라는 사실에 짜증을 내던 아이들

이 이날만큼은 함께 웃었다. 새로운 이야기를 써나갈 수도 있을 것이라는 희망을 주는 하루였다. 아이들은 새롭게 결단하면 다른 각본을 써나갈 수도 있다는 것을 경험을 통해 배웠을 것이다. 아이들이 새로운 각본을 써나갈 수 있기 위해서는 자기 기대를 긍정적인 방향으로 조금씩 바꿔 나가야 한다. 예컨대 단합대회의 경우 아이들이 우리 학급에 대한 자기 상(image)을 '우리도 단합할 수 있다'로 바꿀 수 있었던 하나의 계기가 되었던 것 같다. 교사는 아이들이 한 단계 올라갈 수 있도록 계단을 놓아 주는 새로운 각본의 기획자이자 연출가다.

그렇게 우리는 힘겨운 한 해를 그저 그런 실패와 포기가 아닌, 새로운 성공의 시작으로 마무리할 수 있었다.

교류 분석 이론의 목적은 이미 오래전에 자신이 만들었으나 지금의 현실에 적합하지 않은 각본 틀로부터 스스로를 해방시켜 이성적이고 신뢰할 수 있는 행동을 자발적으로 행할 수 있도록 변화시키는 것이다. 지금까지 숙명 또는 운명이라고 체념한 것이 실은 스스로의 무의식 세계에서 강박적으로 연출하고 있던 연극이라는 것을 자각하고 새로운 각본을 써나가는 것을 재결단이라고 한다. 과거의 굴레에서 벗어나 '지금, 여기!'에 살기 위해서 그저 약간의 용기와 바꿔 보고자 하는 노력을 한다면 누구나 새롭게 인생을 시작할 수 있을 것이다.

인생 각본은 무의식의 영역에 존재한다고 하지만 때로는 의식의 영역으로 튀어 오르기도 한다.

설화에 따르면 고구려의 평강공주는 어린 시절 잘 울어서 아버지 평원왕이 자꾸 울면 바보 온달에게 시집보내겠다고 놀렸다고 한다. 결혼할 나이가 되어 왕이 공주를 명문귀족 집안에 시집보내려 했지만 공주가 이를 거부했다. 왕이 노해 궁궐에서 쫓아내니, 공주는 온달을 찾아가 혼인했다.

그리고 남동생만 셋이 있는 맏딸이 있었다. 시골에서 태어나 첫딸은 살림 밑천이라는 말을 들으며 자랐고 집안 살림과 동생들 뒷바라지를 도맡았다. 소띠라서 그런지 일복이 많다는 말을 많이 하고 살았는데 정말이지 손에서 일이 떠나지 않았다. 결혼을 하고도 어려운 가정 형편 때문에 맞벌이를 하면서 집안 살림을 해야 했고, 아이들을 다 키워 결혼시킨 뒤에는 손자들 육아에 아들네 집 살림까지도 책임져야 했다. 일이 눈앞에 있으면 두고 못 보는 성격이라 굳이 자신이 안 해도 되는 일까지 나서서 했다. 그녀는 스스로를 '평생 일하는 팔자'를 타고났다고 생각했다.

이처럼 아무리 사소한 말버릇이라도 입에 달고 살다 보면 어느새 자신의 인생이 그런 모습으로 되어 버리기도 한다. 그래서 자신의 인생 각본이 성공 각본인지 실패 각본인지가 매우 중요하다.

인생 각본 다시 쓰기

하루하루를 살아가면서 반복적으로 나타나는 삶의 패턴이 있는가? 만약 있다면 그것이 바로 나의 인생 각본일 수 있다. 그 각본이 더 이상 마음에 들지 않는다면 새로운 각본을 써야 할 때다. 다음 질문들에 답하면서 자신이 어떤 인생 각본을 가지고 있는지 생각해 보고 어떻게 바꾸어야 하는지도 고민해 보자.

1. 나 자신을 설명하는 단어를 다섯 개 적어 보자.
   예) 딸, 학생 등 누구나 말하지 않아도 알 만한 것이 아니라, 나의 성품이나 특징을 드러낼 수 있는 단어를 생각해 본다. 예를 들면 정직, 성실, 음악, 불 등이다.

   _____

   _____

   _____

   _____

2. 자서전을 쓴다면 제목은 어떻게 정하고 싶은가?
   예) 평생의 삶이 잘 나타날 수 있는 제목을 정해 본다.

   _____

   _____

   _____

3. 일이 잘못되었을 때 어떻게 생각하는가? 예시를 먼저 보지 말고 자신의
   생각을 쓴 다음 예시를 보고 비교해 보자.

   예) 내가 그렇지 뭐. 어차피 이렇게 될 줄 알았어 : 평소 일이 잘못될 가능
   성이 더 크다는 생각을 많이 하고 살기 때문에 잘못된 것이 당연하다.

   예) 이 또한 지나가리라 : 일이 잘 풀릴 때도 있고, 잘 안 풀릴 때도 있지.
   잘 안 풀릴 때는 생각을 비우고 지나가기만을 기다리자.

   예) 아픈 만큼 성숙한다 : 이번에 잘 안됐지만 덕분에 다른 것을 배울 수
   있었다. 이번 경험을 계기로 더 성장하고 실패에서 배울 것이다.

   ----

4. 인생에서 다시 쓰고 싶은 페이지가 있다면 어느 부분인가?

   예) 인생을 되돌아 간다면 다르게 살아 보고 싶은 장면이 있다면 언제인
   지, 어떻게 살 것인지 생각해 본다.

   ----

5. 소원을 빌 수 있다면 어떤 소원을 빌고 싶은가?

예) 인생 각본을 다시 쓴다면 어떻게 쓰고 싶은지 상상력을 발휘하여 적어 본다.

---

6. 먼 훗날 죽음을 맞이했을 때 비문을 쓴다면 어떤 내용을 쓰고 싶은가?

예) 가족을 사랑하고 나라를 위해 목숨 바친 한 남자 여기에 묻히다.

2장

인정받고 싶은
아이들

우주만큼이나 오묘하다는 10대 아이들을 대할 때면 참 알다가도 모를 때가 많다. 특히 선생님이 잘못을 지적할 때 이런 반응을 보이는 아이들이 있다.

"제가 한 것도 아닌데 왜 저한테만 그러세요? 혼잣말인데요?"

가끔은 딴청을 피우는 아이도 있다. 더 심한 경우는 선생님에게 아예 잘못을 뒤집어씌우기도 한다. 아이들은 선생님을 향해 공격을 한다.

"과목이 재미없어요."

"수업 방법이 틀렸어요."

"시험에 도움이 안 돼요."

가끔 아이들이 "왜 저한테만 그래요?"라고 하면, '너한테만 그러는 게 아니다'라는 것을 입증해야 할 때도 있다. 때로는 선생님에 대한 거부의 몸짓으로 머리를 책상에 파묻고 눈을 감아 버린다. 잠자지 말라고 하면 잠자는 것이 아니라고 우긴다. 어쩌다 욕설이나 비속어가 툭 튀어나올 때도 있는데, 그때는 선생님한테 한 말이 아니라 혼잣말이라고 둘러댄다.

또 어떤 날은 별 반응 없이 가만히 있기도 한다. 그러면 이 아이가 혹시 조울증은 아닌지, 성격 이상은 아닌지 노심초사한다. 그러다 또 어떤 날은 선생님의 관심과 사랑이 필요한 것은 아닌가 해서 어르고 달래본다. 아니면 선생님의 꾸지람에 짜증이 나서 그런 것인가 하는 생각도 해본다. 일부러 모른 척 관심을 갖지 않기도 한다. 아이들과의 이런저런 심리전은 끝이 없다.

심지어는 선생님을 놀려먹는 아이들도 있다. 황반변성으로 나이가 들수록 시력이 나빠지고 시야가 좁아지고 야맹증이 생겨난 선생님이 있었다. 아이들은 선생님의 이러한 처지를 이해하기보다는 약점을 공격하며 골탕을 먹이고 괴롭히기까지 했다. 하루는 그 선생님이 수업을 하는데 한 아이가 보이지 않자 무단결과 처리를 했는데, 그 아이가 종례 시간에 왜 자신을 무단결과 처리했느냐며 적반하장으로 대들었다. 사실 그 아이는 자주 교실에 숨어서 선생님을 놀려 대곤 했다.

선생님은 고민에 빠졌다.

'아이들이 왜 그럴까?'

'장애인에 대한 인권 의식이 부족해서일까?'

'공감력이 부족해서일까?'

'왜 선생님 편이 되어 주는 아이가 없을까?'

선생님은 자기 탓을 해보기도 하고, 아이들을 윽박지르거나 '괴로움'을 호소도 해보았다. 그러나 아이들은 별로 달라지지 않았다. '나 전달법'이나 비폭력 대화법을 써도 아이들은 그런 선생님을 오히려 놀릴 뿐이었다.

결국 선생님은 아이들 앞에서 폭발했고 커다란 마음의 상처를 입고 수업을 그만두었다. 이후 선생님은 아이들과의 일대일 면담을 꺼리게 되었다. 일대일로 만나 상담을 하게 되면 더 무서운 일이 벌어질 것만 같았기 때문이다.

그래도 아이들이 학교라는 집단 속에 있을 때는 본성이 어느 정도는 제어가 된다. 그런데 집이나 친구들 사이에서는 훨씬 더 공격적이고 폭력적인 성향을 보일 수가 있다. 아이들이 그런 반응을 보일 때면 대부분의 부모나 선생님은 당황한다. 그리고 아이들이 그러한 공격적인 행동을 보이는 동기를 찾기 위해 노력한다. 그러나 결국 동기를 찾지 못하고 아이들과의 관계 맺기에도 실패한다.

아이들의 센 척

아이들과의 관계 맺기에 실패해서 아이들에게 주도권을 빼앗기게 되면 답이 없다. 아이들은 수업 시간에 제멋대로 일어나서 이리저리 돌아다니기도 하고, 휴지 같은 것을 던지기도 한다. 성격 장애나 발달불균형증후군인 아이들도 있지만 이른바 선생님을 '간' 보는 경우도 많다. 더러 아이들은 다른 아이를 못살게 군다. 그리고 일부러 늦게 수업에 들어온다. 또는 친구들 사이에서는 그렇게 강하지 않은 아이인데도 선생님에게 대드는 경우도 있다. 선생님은 그렇게 강한 아이가 아닌데 왜 그럴까 하는 의혹을 갖게 된다.

일부 아이들은 선생님이 조금이라도 반응을 보이면 집요하게 물고 늘어진다. 아이들은 이런 아이들을 겉으로는 영웅 취급을 한다. 그러고는 왜 저런 행동을 하느냐고 묻는 선생님에게 "쟤는 원래 그래요"라고 대수롭지 않게 대답하는데, 그것은 마치 '선생님도 우리처럼 쿨해야 해요'라고 일러 주는 듯하다. 선생님이 약점이 있으면 아이들은 그 약점을 철저히 활용해서 공격한다. 선생님은 아이들이 자신을 공격한다고 여기고 모욕과 수치심, 두려움을 느끼기도 하지만, 아이들의 욕망을 존중하고 관용적이거나 쿨한 모습을 보여 줘야 한다는 딜레마 속에서 살아간다.

자신들의 세계를 모른다고 생각하면 그것을 이용한다

숙제를 안 한 사람이나 교과서를 가져오지 않은 사람 손 들어 보라고 하면 숙제를 안 했거나 교과서를 가져오지 않았어도 들은 체도 않는 아이들이 있다. 이때 선생님이 사실을 알아차리고 훈계를 하면 선생님을 째려보거나 신경질을 낸다. 또는 숙제를 했는데 안 가져왔다고 둘러댄다. 선생님의 빈틈을 노리는 이러한 사례는 비일비재하다. 이때 일방적으로 훈계를 하거나 선생님으로서의 권위를 내세우게 되면 아이가 고분고분하는 것이 아니기 때문에 선생님의 권위는 다시 무너지게 된다. 선생님들은 아이들의 이런 행위를 일종의 시비 거는 것으로 받아들이기도 하고, 흔히 간 본다고 표현하기도 하며, 교류 분석 용어를 사용해서 게임을 건다고도 한다.

그럴 때 선생님은 아이들의 시비 걸기로 인한 사건이 발생한 그 지점에서 당장 감정적인 반응을 하거나 장황하게 훈계투로 말하기보다는 잠시 멈춰 말할 듯 말 듯하다가 그대로 수업을 진행한다. 또는 할 말은 많지만 수업이 끝난 다음에 이야기하자고 공개적으로 제안도 한다. 그러나 아이들의 행동을 더 이상 그대로 두고 볼 수 없을 때는 아이들 모두가 듣는 데서 큰 소리로 말한다. 자신의 반복되는 그 행위가 '센 척' 하고 싶은 마음에서 나오는 건 아닌지 돌아보라고 말이다.

이럴 때 아이들에게 어떻게 해야 할까? 아이들은 선생님이 자신들의 세계를 모른다고 생각하면 그것을 이용한다. 때문에 아이들의 심리 게임과 욕망을 잘 알고 있다는 것을 시간을 들여 충분히 설명해 줄 필요가 있다.

선생님이 이것을 장황하게 설명하지 않더라도 아이들의 동기와 인정욕망에 대해 잘 알고 있다는 것을 아이들이 느끼게 해야 한다. 아이들의 인정욕망과 그 인정욕망을 달성하기 위한 폭력성을 이해하기만 해도 아이들의 심리 게임에 쉽게 넘어가지 않을 것이고, 아이들과의 심리 게임에 걸려들었다가도 쉽게 빠져 나올 수 있을 것이다.

이런 아이들의 인정욕망과 폭력성에 대해 정확하게 알고 있다면 그것만으로도 아이들의 공격으로 입은 상처를 치유할 수 있고, 나름대로 바람직한 대책을 생각해 낼 수 있을 것이다.

아이들의 센 척은 인정욕망을 채우기 위한 것

아이들은 선생님이나 부모가 자신들의 심리나 동기, 즉 아이들의 세계를 모른다고 생각하며, 어른들이 자신들 앞에서 어쩔 줄 몰라 하는 것을 즐긴다. 어찌 되었든 선생님이나 부모는 아이들을 교육해야 하는 입장에 있고, 아이들은 어른들을 곤란하게 만드는 이런 이상한 게임을 즐긴다. 학교에서도 아이들은 아무것도 모르는 선생님을 놀림의 대상으로 만들어 자기들끼리 어떤 공감대를 형성하고 선생님은 외톨이 신세가 되고 만다.

선생님이 아이들의 심리를 잘 파악하는 것이 이런 이상한 게임을 끝내는 출발점이다. 어떤 선생님은 아이들이 공격적인 행동을 보일 때마다 불러서 개인 상담을 한다. 그래 봤자 아이들은 이런저런 변명만을 늘어놓을 뿐이다. 그러면 선생님은 또 '아이가 이래서 그럴 것이다' '저래서 그럴 것이다'라고 하면서 헛다리를 짚게 된다. 아이들은 그때마다 마치 선생님의 말이 맞다는 듯이 고개를 끄덕거리며 수긍하는 태도를 취한다.

수업 시간에 선생님이 지적을 하면 아이들은 부당하다고 이런저런 이유를 대지만 결국 그것은 지적 자체에 대한 불만인 경우가 많다. 사실 아이들은 수업이 마음에 안 든다고 반드시 그렇게 표현할 이유는 없다. 결국 이것은 센 척하기 위한 핑계인 경우가 대부분이다.

따라서 아이가 하는 행위가 자신의 인정욕망을 채우기 위한 일종의 전략 전술은 아닌지 의심해 보아야 한다. 즉 일부러 그렇게 함으로써 인정을 받아 아이들로부터 위세를 부리기 위한 것은 아닌지 살펴야 한다는 말이다. 센 척하는 행동이 친구들에게는 무서운 아이, 선생님에게는 반항하는 아이로만 보일 뿐이라는 것을 알게 해야 한다. 또는 뻔뻔스러운 아이로 보일 뿐이라거나. 이 과정에서 인정욕망 자체를 비난할 필요는 없다. 과도한 인정욕망이나 남을 짓밟고 인정욕망을 채우고자 하는 행위를 비판하면 된다.

아이가 자신의 행위 동기와 방법의 부당함을 간파당하게 되면 연극을 계속하기 어렵게 된다. 남이 훤히 알고 있는 것을 또다시 연기하는 것은 무척 계면쩍고 무안한 일이 되기 때문이다. 또한 남이 알고 있다는 것을 알면서 연기를 하려면 어색해지기 때문에 그만큼 연기의 효과는 떨어질 수밖에 없다.

일대일로 대하면 순해지는 아이들

많은 선생님들이 이런저런 이유로 아이들과의 대화나 상담을 기피한다. 아이들과 충돌이 있을 때도 교실에서 아이들을 야단치는 것으로 끝내는 경우가 많다. 아이들도 교무실이나 상담실에서 선생님을 만나는 것을 꺼린다. 만나자고 하면 도망을 가거나 약속 시간을 어기는 경우가 많다. 그렇다고 수업 시간에 부르면 수업권 침해라는 말이 나올 수도 있다.

그러나 보통 종례 후에 아이와 일대일로 만나 조용히 이야기하면 난폭하고 사악하기만 했던 아이의 모습이 사뭇 달라진다. 아이는 오히려 기다렸다는 듯이 상담에 응한다. 이때 아이는 고분고분하고 심지어 반성하는 모습도 보인다. 선생님은 아이가 원래 그렇게 난폭한 것이 아니라고 생각하면서도 교실에서와는 다른 모습에 어리둥절해한다.

　아이가 그렇게 행동하는 것은 선생님과 일대일로 대면할 때는 굳이 센 척할 필요가 없기 때문이다. 오히려 고분고분함으로써 선생님의 인정을 받는 것이 더 낫다는 계산 때문이기도 하다. 이것을 이중인격이라고 할 수도 있지만, 그 아이의 단순 계산법으로 보면 이러한 이중인격적 행위가 선생님에게도 아이들에게도 인정을 받는 최선의 길이었던 것이다. 결국 학급에서의 아이의 센 척은 반 아이들이 자기를 바라보고 있음을 의식해서 나온 행위였던 것이다. 이 사실을 아는 것만으로도 선생님에게는 큰 도움이 될 것이다.

욕망과
인정욕망

아이들은 왜 이토록 인정욕망에 집중할까? 인간은 사회적 존재이고, 사회적 존재는 타자로부터 인정을 받지 못하면 존재감이 없어지고 열등감, 수치심, 굴욕감 속에서 살아갈 수밖에 없기 때문이다. 사회가 비교적 안정적이고 각자 자기의 지위와 역할에 만족하고 살아간다면 인정투쟁이 심하게 일어나지 않을 것이다.

그러나 근대 이후 사회가 개인주의화되고 유동적이 되면서 사람들은 언제 어디서나 인정투쟁에 몰입하게 되었고, 자신이나 타인이 가지고 있는 인정욕망에 더욱 예민하게 반응하게 되었다. 물론 인간에게는 다양한 욕망이 있지만 타인과 관계할 때 가장 두드러지게 나타나는 것은 인정욕망이다. 그만큼 서로를 더욱 비교하고 타자의 시선을 의식하는 것이다.

어떻게 생각하면 인정욕망은 인간의 다양한 욕망을 끌어들이는 블랙홀이 되었다고 할 수 있다. 아이들은 쾌락과 이익을 좇는 것 같지만 그것은 또한 인정욕망으로 환원될 수 있다. 이해, 사랑, 관심을 요구하는 것 같지만 그것은 인정의 대용품이 될 뿐이다. 엄밀하게 말한다면 대부분의 아이들은 이해, 사랑, 관심보다는 타자가 자신의 모든 행위, 성격, 지향, 취향을 그저 인정하고 찬양해 주기를 바라는 것이다.

어쩌면 아이들에게는 인정받고 싶은 가치가 따로 있는지도 모른다. 그러나 현실은 가치 있는 것이 인정받는 것이 아니라 인정받는 것 자체가 가치 있게 받아들여진다. 인정받는 가치와 인정받지 못하는 가치가 있다면 인정받는 가치가 절대적으로 중요하다. 그것이 어떤 가치이든 상관없다. 무가치한 것도 인정을 받으면 가치 있는 것이 된다. 가치 파괴적이고 인간성을 파괴하는 것이라도 상관없다. 인정받는 대상과 내용은 중요하지 않다. 인정의 양과 수준이 중요할 뿐이다. 즉 인정이 가치를 대체하게 되었고, 그에 따라 아이들은 가치보다는 인정을 추구하게 되었다.

인정을 받는다는 것은 누구에게는 출세의 지름길, 누구에게는 인기, 누구에게는 명예욕, 누구에게는 다른 사람보다 우월하다는 만족감, 또는 사람대접을 받을 수 있다는 안도감, 누구에게는 지배욕(권력욕) 등의 의미가 될 수 있다.

인정을 못 받으면 죽은 것이나 다름없다

인간의 욕망은 매우 다양하지만 아이들에게 가장 강한 욕망은 인정욕망이다. 겉으로 드러나는 것은 해방과 쾌락의 욕망이지만, 그보다 강한 것은 인정에 대한 욕망이다. 아이들은 타인으로부터 인정받기를 원한다. 이해와 사랑보다는 인정을 원하는 것이다.

공부와 성적을 통해서 인정을 받을 수 있지만, 이 방법은 경우에 따라서 또래들로부터의 단절을 겪어야 하며 항상 누구나 갈 수 있는 길은 아니다. 그렇다면 아이들이 좀더 쉽게 인정을 받을 수 있는 길은 없을까? 인정을 공유할 수는 없을까? 사회에서는 인정을 대량생산하여 공급하고 있다. 바로 스타를 만들어 내고 개인을 스타와 동일시하는 것이다. 안정적인 회사원, 개그맨, 가수, 배우, 백만장자, 판·검사, 스포츠맨, 폭력배, 범죄인 등도 마찬가지다. 선한 역이든 악한 역이든 상관없다. 많은 아이들은 자신의 모델을 흉내 낸다. 그러나 그 길에서 성공할 수 있다고 생각하는 아이는 많지 않다. 그 사실을 알아 갈수록 아이들에게 희망은 줄고, 그래서 습관처럼 늘상 자기들이 살아왔던 방식대로 살아가게 된다.

인정욕망은 무한하고 또한 독점적이다. 아이들이 인정받는 방법은 수단과 방법을 가리지 않고 돈만 벌면 된다는 천박한 자본주의의 모습과 닮아 있다. 인정을 못 받으면 죽은 것이나 다름없다. 인정을 둘러싸고 아이들은 시기, 질투, 수치심, 충동, 모방에 갇히게 된다. 아이들은 서로 인정욕망을 느낀다. 그러나 인정의 총량은 정해져 있다고 믿어서 누군

가가 인정받으면 자신에게 돌아올 인정의 양은 그만큼 줄어든다고 생각한다. 자신의 행위에 대해서 자신이 좋아서 하는 것인지 인정욕망 때문에 하는 것인지 모를 지경이 되어 버린다. 인정욕망은 매우 부도덕한 것으로 느껴지기 때문에 억압당하기도 하고 간파되면 불리할 때가 있기 때문에 가장되기도 한다.

그래서 아이들의 동기는 무의식적인 것으로 보이기도 하고 자기기만처럼 보이기도 한다. 인정욕망은 이제 욕망 체계의 일부가 아니라 인간에게 명령을 내리는 명령 체계의 일부가 되었다. 인간의 다른 욕망을 규제하는 최상위 욕망이 된 것이다. 인정욕망은 의식적이기도 하지만 무의식적이기도 하다. 사실 모든 아이들의 인정욕망이 무작정 무한한 것은 아니다. 아이들은 자칫 잘못하면 자신들이 확보한 인정마저 사라질 수 있다고 생각한다. 이익 때문에 인정투쟁을 중단하거나 용기가 없어서 투쟁을 포기한 아이도 있다. 그렇다고 인정욕망이 사라진 것은 아니다. 억압당하고 있는 것이다. 아이들은 '인정'이란 단어를 많이 쓰면서도 막상 문제가 발생하여 이야기할 때는 그 단어를 피하는 경우가 있다. 그래서 아이들이 바라는 것은 다른 것이 아닐까 생각하게 된다.

자신을 인정해 주지 않는 세계와는 담을 쌓다

아이들은 때로는 인정을 받기 위해 수준 높은 사상을 지껄인다. 허풍도 떨고 거짓말도 곧잘 한다. 아이들은 이렇게 공부 이외의 것에서 인정받기 위한 노력을 '튄다'거나 '과시'한다는 식으로 표현한다. 아이들이 인정을 받는 세계를 다 나열할 수는 없다. 어른과는 달리 아이들은 좀더 자기가 인정받는 세계에 집착한다고 할 수 있다. 아이들은 자기를 인정해 주지 않는 세계와는 담을 쌓는다. 한편에서는 인정받지 못해도 다른 한편에서는 인정받을 수 있는 행위도 있는 것이다. 폭력이 그 예가 될 것이다. 이른바 노는 애들은 범생이의 세계를 애써 인정하지 않으려 한다. 다른 것을 부인함으로써 자신을 인정하는 것이다. 아이들은 어떤 것이든 경쟁을 하고 편을 가른다.

인정을 받는 방법에 익숙해지면 그 패턴을 답습한다. 사람은 누구나 익숙한 것이 좋고 효율적인 것을 따르게 되어 있다. 어떤 집단 속에서 인정을 받았다면, 그 패턴에 익숙해지면 다른 집단으로 들어가기가 쉽지 않다. 다른 집단에서 인정받고 소속감을 느끼는 것이 쉽지 않기 때문이다. 그러나 자신의 패턴이 한계에 부딪히거나 좌절을 겪게 되면 다른 패턴을 택할 수도 있다.

아이는 가정에서 인정받는 것이 우선 중요하고, 학교에 가고 학년이 올라갈수록 학교와 친구들로부터 인정받는 것이 더욱 중요해진다. 아이들이 확고하게 인정을 받을 수 있는 것은 공부, 성적을 통한 것이다. 그러나 이 길은 매우 좁다. 그런데 다행스럽게도 인정을 받을 수 있는 다른 길이 열려 있다. 사회는 아이들의 인정투쟁을 위한 다양한 기회를 준다. 아마 오직 공부와 규율만이 인정받을 수 있는 사회였다면 아이들은 사회 자체를 거부했을지도 모른다.

계속되는 인정투쟁, 끝이 없는 인정욕망

인정욕망이 아이들의 적극적 행위를 규정한다면 따돌림에 대한 두려움은 아이들의 소극적 행위를 규정한다. 즉 전자는 아이들이 원해서 하는 것으로 보이고(물론 이것도 다른 측면에서 보면 자신이 원해서가 아니라 남의 인정을 바라는 것이지만), 후자는 아이들이 싫어해서 피하거나 따라 하는 것으로 보인다.

따돌림에는 두 가지 측면이 있다. 하나는 모든 아이가 모든 아이를 따돌리고, 또 따돌림당하는 것을 두려워한다는 점이다. 또 다른 하나는 특정한 아이들이 따돌림을 당하거나 주도한다는 점이다. 이 두 가지 측면을 항상 고려해야 한다. 그리고 따돌림 현상이 벌어지고 거기에 우리가 무기력하거나 가담하게 되었다면 악순환의 고리를 끊기 힘들고 심한 죄악감과 무기력감에 빠지게 된다.

인정욕망이 곧 채워지고 끝나지 않는 이유는 또 있다. 어떤 일정한 지위를 통해서 인정욕망은 채워질 수 있지만, 인정투쟁이 계속되기 때문에 인정욕망은 한이 없기도 하다. 인정욕망은 지속되고 강화되어야 한다. 왜냐하면 자신이 받는 인정이 아니면 언제든지 인정을 잃을 수가 있기 때문이다. 아이들이 가지고 있는 인정과 지위는 언제든지 없어질 수 있기 때문에 항상 긴장해야 한다. 그리고 인정은 지속적으로 확인되어야 한다. 왜냐하면 주변 환경이나 비교 대상이 계속 변화하기 때문이다. 오늘의 지위가 내일도 유지된다고 할 수 없다. 그것은 집단의 역동성 때문이기도 하다. 타인을 믿을 수 없다.

그것은 아이들의 1년 학급살이를 보면 알 수 있다. 학기 초와 중간에 새로운 변화가 일어난다. 학기 초가 되면 아이들은 다른 아이들에게 인정받고 학급에서 자기의 위치를 차지하기 위해 눈치를 보고 변신을 꾀한다. 아이들의 인간관계를 규정하는 변수가 계속 변화하기 때문이다. 학기 초에 센 척하던 아이들도 쉽게 무너질 수 있고, 학기 초에 변화했다고 장담하던 아이들도 변화하지 않은 것으로 나타날 수도 있다. 또는 친구가 전학을 갈 수도 있다.

아이들은 이런 사소한 변화에 계속 적응해 가야 한다. 이런 와중에 학급 분위기에 적응 못하는 아이도 나온다. 또한 선생님과 학생 사이에 인정투쟁도 벌어진다. 이에 따라 학생에게 부적응하는 선생님과 선생님에게 부적응하는 학생도 나타나게 된다. 아이들은 그에 따라 역동적으로 움직이는데 아이들과 선생님, 그리고 아이들과 아이들 사이의 역학관계는 끊임없이 변화한다.

폭력과 따돌림은 인정투쟁의 한 방법

　그렇다면 왜 인정투쟁은 따돌림과 폭력을 낳는가? 인정투쟁의 방법은 전략과 전술로 나눌 수 있다. 전략과 전술이 분명하게 나뉘는 것은 아니지만 주로 전략은 방법 중에서 큰 범주를 차지하는 것이고, 전술은 전략을 달성하기 위한 세부 수단이라고 할 수 있다.

　따돌림과 폭력은 인정투쟁의 한 방법이다. 일부 아이들은 따돌림을 해야만 생존할 수 있다고 생각한다. 이렇듯 따돌림은 생존과 인정을 위한 투쟁의 원인이기도 하지만 결과이기도 하다. 어떤 아이는 오직 생존을 위해서 인정투쟁에 참여하고, 어떤 아이는 생존을 넘어선 인정투쟁에 몰입한다. 또 어떤 아이는 인정(과시)이 곧 자신의 생존이 되기도 한다. 그런 아이는 인정이 무너지면 곧 좌절감에 빠져 생존 의욕마저 잃고 말 것이다. 따돌림은 하나의 결과적 현상이기도 하지만 하나의 전술이기도 하다. 따돌림이나 인정투쟁이 왜 괴롭힘과 폭력을 낳게 되는가?

괴롭힘이나 폭력을 심각한 사회 문제로 죄악시하지 않는 분위기도 있지만, 그보다 근본적인 것은 괴롭힘과 폭력 자체가 아이들에게는 하나의 능력으로 인식된다는 사실이다. 아이들이 이것을 하나의 능력으로 보는 것은 매스컴의 영향, 심각한 사회 부조리, 그리고 반복해서 경험한 사실, 즉 법은 멀고 주먹은 가깝다는 자신의 생활 경험 때문이다.

인정욕망이 강한 아이들도 있고 그렇지 않은 아이들도 있다. 그리고 그들은 각자 다른 경험을 하고 어떤 유형으로 굳어진다. 이런 유형에 대한 분류는 다양하다. 인정욕망을 표현하거나 실현하는 것을 줄이는 경우도 있고, 그것 자체를 억누르는 경우도 있다.

아이들은 어떻게 해서든 집단화한다

권력 현상은 권력 투쟁으로 드러나는 것이 아니라 스타일이나 문화(생활 양식)의 갈등으로 보여질 때가 있다. 스타일이나 문화란 자기 정체성이라 할 수도 있고 최소의 희생으로 최대의 이익을 남기고자 하는 자기중심주의라고 할 수도 있다. 다양한 아이들이 한 교실에 모여 각자 자신의 영역을 확보하려고 한다. 아이들에게서 자신의 특기가 무시당하거나 별로 인정을 받지 못한다는 것은 다른 말로 하면 그것이 방해받는다는 뜻이다. 교실에서 습관적으로 자는 아이는 계속 자야 하고, 거짓말하는 아이는 계속 거짓말을 해야 하며, 떠벌리는 아이는 계속 떠벌

려야 하고, 주먹을 쓰는 아이는 주먹을 써야 한다.

아이들은 어떻게 해서든 집단화한다(또래 집단화). 집단화를 하는 것은 친구관계를 강화하기 위해서이기도 하고, 소속감을 느끼기 위해서이기도 하며, 심심할 때 함께 어울리기 위해서이기도 하다. 모든 집단은 어느 정도 배타성을 갖는다. 그런데 여기에서 배제된 아이들은 자연스럽게 따돌림을 당했다고 생각한다. 또 한 가지는 자기와 같은 부류와 분위기가 지배하기 위해서는, 즉 자기의 아비투스(습관)와 코드를 지배적으로 만들어야 하는데 이것은 여러 가지 형태로 나타난다.

아이들이 집단 속에서 안정과 쾌락을 누리려면 어떤 스타일로 정착이 되어야 한다. 그리고 그런 스타일 속에서 아이들은 집단을 이루게 된다. 문제는 이런 아이들의 안정된 위치가 다른 취미그룹이나 다른 아이에 의해 침해받을 수 있거나 충돌이 일어날 수 있다는 것이다. 교실은 아이들의 온갖 욕망이 들끓는 곳이다. 예를 들어 축구를 잘하는 아이들과 농구를 잘하는 아이들 사이에 권력 투쟁이 일어날 수 있고, 공부를 추구하는 아이들과 수업을 방해하는 데서 즐거움과 인정욕망을 찾는 아이들 사이에서 대립이 일어날 수 있다. 아이들이 차지하는 영역이 서로 겹치면서 다툼이 일어날 수도 있다. 이런 상황에서 아이들은 자신들의 문화를 지배적인 문화로 만들기 위해 노력한다.

아이들은 노력에 대해 상호 반응을 보인다. 자신이 친숙한 문화가 지배하면 따돌림을 당하지 않을 뿐만 아니라 잘하면 자신이 주도할 수 있기 때문이다. 어떤 아이들은 이런 문화가 자기에게 불리할 것이 없기 때문에 동조한다. 이런 상황에서 아이들은 적당히 타협할 수도 있다. 이런 경우 따돌림은 없지만, 어느 정도 긴장 속에서 공존하는 것이다. 방해는 된다고 해도 인내하고 참는다. 어느 정도 이상은 투쟁하지 않는다. 이것이 중요한데, 만약 아이들이 서로에 대해 어느 정도 인정한다고 생각하면 그 이상 욕심을 내지 않는다. 그러나 여전히 예민한 아이들이 있다. 그 아이들은 겉으로 내색은 하지 않지만, 자기가 항상 어느 정도는 무시당하고 있다고 생각한다.

인정투쟁의 형태에 따라 또래 집단을 나누다

인정투쟁의 형태에 따라 또래 집단이 나뉜다. 이른바 범생이들, 노는 애들, 그리고 이것도 저것도 아닌 조용한 애들이다. 아이들은 자기를 인정해 주지 않는 세계와 담을 쌓는다고 했다. 한편에서는 인정받지 못해도 다른 한편에서는 인정받을 수도 있는 것이다. 노는 애들은 범생이를 애써 인정하지 않으려 한다. 다른 것을 부인함으로써 자신을 인정하는 것이다. 아무 데서나 아이들은 경쟁을 하고 편을 가른다. 공부에서 노는 쪽으로 인정받는 세계를 바꾸는 아이도 있고, 노는 쪽에서 공부 쪽으로 바꾸는 아이도 있다. 어떤 아이는 양다리를 걸치기도 한다.

학급에서 나름대로 인정받는 아이들은 안착한다. 학급생활에 적응하는 것이다. 생텍쥐페리는 〈어린 왕자〉에서 서로 길들이는 과정(여우와 어린 왕자가 사귀는 과정)의 아름다움을 묘사했다. 자연스럽게 점차 가까워지는 모습을. 그러나 학급에서는 종종 갈등과 욕, 그리고 비방으로 무시와 협박이 나타나면서 아이들은 심한 심리적 갈등과 혼란을 겪고, 학급 내의 여러 행사들을 두고 다툼을 벌인다. 아이들은 다양한 방법으로 상대방을 탐색하고 거친 방법으로 상대방의 정체와 반응 스타일을 점검한다.

폭력을 장난으로 여기는 아이들

폭력에 대해 아이들은 '장난'이라고 하고, 어른들은 '사회화 과정'이라고 한다. 사회화 과정은 인간관계를 포함한 많은 것을 내포한다. 아이들 간에 자연스러운 놀이가 있고, 이것이 발전해서 나중에는 규칙이 있는 게임이 되고 이것은 우리의 삶에서 제도화된다. 논다는 것과 장난한다는 것을 통해서 아이들은 많은 것을 터득한다. 장난을 통해서 아이들은 자신의 정체성과 지위와 역할을 알게 된다. 여기서 아이들은 장난과 장난이 아닌 괴롭힘이라는 것을 구별하지 못하기 때문이라고도 한다. 놀이를 통해서 아이들은 사회화되고 있다고 볼 수도 있다. 놀 줄 알아야 하고 주변 아이들이 장난을 걸 때 장난으로 잘 받아 줄 수 있어야 사회화된다는 것과도 같다.

문제는 이런 것이 매우 강압적으로 엄청난 두려움으로 아이들에게 강요되고 지나치게 연극적으로 된다는 데 있다. 아이들은 사귀고 어울리는 방법을 터득하기 위해, 더 나은 위치에 서기 위해 다양한 장난을 고안하고 그 장난에 같이 어울린다. 이러한 장난에는 농담도 있고 툭툭 치는 것도 있고 별명을 부르는 것도 있다. 그러나 이런 놀이는 위험하다. 장난은 장난을 낳고 어떤 장난이 유행하게 되면 거기에 적응하지 못하는 아이는 그 피해자가 되기 때문이다.

따돌림 자체가 장난이나 게임처럼 시작되는 경우도 있다. 문제가 되면 가해자와 피해자가 모두 장난이었다고 둘러댄다. 장난, 연기, 놀이, 시뮬레이션이라고 하지만 이것은 사회 성격을 형성하고 도덕성 발달을 멈추게 하며 고차원적인 욕망의 발생을 막는다. 놀이를 통해서 아이들은 새로운 세계를 지향하고자 하는지도 모르겠다. 하지만 이것은 착각이다. 놀이라고 볼 수 없는 놀이의 타락이다. 새로운 놀이는 아이들에게 새로운 경지를 보여 준다. 하지만 따돌림이라는 놀이는 아이들의 함정이다.

폭력은 사회화의 한 과정

아이들이 놀이를 사회화 과정으로 본다면 어른들은 아이들 간의 다툼과 경쟁을 성숙하는 과정으로 생각한다. 어른들은 누구나 시련을 겪어야 하고 인간은 경쟁할 수밖에 없는 존재라고 본다. 폭력이나 따돌림에 대해 아이나 어른이나 할 것 없이 성장통이며 사회화의 과정이라고 생각하는 경향이 있다. 폭력은 이미 사회화의 한 과정으로 편입되었다. 아이들은 폭력적이지 않거나 폭력에 대한 무감각과 타협을 키우지 않으면 이 세상에 존재할 수 없게 된 것이다. 인권을 짓밟고 폭력을 인정하는 것은 아이들의 사회 정체성의 일부가 되고 있다. 폭력에 가까운 장난과 무자비한 경쟁을 통한 사회화는 이미 제도화되고 있다. 어른들에게는 잘 보이지 않지만 아이들은 이것을 내면화하고 있다. 보이는 것은 빙산의 일각일 뿐이다. 이렇듯 폭력이 아이들 사이에서 이미 공유된 사회 정체성인데도 어떻게 그것을 거부할 수 있겠는가? 자기 자신의 일부를 부정할 수 있겠는가?

어려서부터 여러 가지 이유로 배려받지 못한 아이들은 적대적 감정에 휩싸이게 된다. 감정과 정서적 패턴은 아이들의 자아를 구성한다. 그런 아이들은 자신과 타인 모두를 미워할 뿐만 아니라 분노와 충동으로 가득 차 있다.

이런 상황에서 아이들은 진실을 회피한다. 진실을 대면하는 것은 그동안 쌓아 온 자신들의 황금, 엄폐물, 이력을 포기하는 것과도 같기 때문이다. 사람들은 자신들의 기억과 과거를 지키기 위해 현재와 미래를 기꺼이 포기하기도 한다. 여기에서 아이들의 성찰적 자아나 대화적 자아는 자리 잡을 수 없다. 아이들은 자기중심주의에서 벗어날 수 없다. 어떤 일에도 감동하지 않고, 누구의 말에도 공감하지 않는다. 대신 도구적 이성만 발달시킨다. 도구적 이성에 모든 것을 종속시킨다. 모든 악은 반복되고 익숙해지며 평범해진다.

왜 사람은 그토록 쉽게 악해지고, 악에 물들고, 악의 세력에 동조하는가? 악은 자기가 원하는 대로 타자를 변형시키고자 하는 것이며, 자신

의 이익을 위해서 모든 것에 눈을 감는 것이다. 자신의 악에 도취되는 것이다. 그 악은 남을 굴복시킴으로써 자기가 강하다는 착각에 휩싸이는 것이다. 사이코패스나 반사회적 인격 장애는 이런 것을 내포하고 있다. 우리 역시 악에 굴복하거나 악에 도취될 수 있다. 폭력에 대항해야 하는 데도 힘이 없다. 폭력의 세계는 우리에게 너무나 무섭게 다가온다.

악에서 선으로 바뀌는 것은 '성숙'이라는 말의 다른 표현이다. 악은 자기중심적인 미성숙과 이기적 분열의 모습으로 나타난다. 폭력적 상황은 학생뿐만 아니라 선생님마저 퇴행적으로 만든다. 순간순간 퇴행을 반복하게 한다. 악과 싸우는 것은 과학적 사실과 함께 철학적 진실이다. 선은 보이지 않을 수도 있지만 저기 어디엔가 있다고 생각하며 아이들과 함께 지향하는 것이다. 이것이 바로 가르칠 수 있는 용기다. 그리고 악과 싸우기 위해서는 많은 기술과 노력이 필요하고, 악의 반대인 선을 넘어서 악과 선을 초월한 곳에 자신을 위치 지어야 하고, 제도적이며 도덕주의적인 선을 넘어선 초월적인 선을 추구해야 한다. 이 초월적 선은 오직 과학과 이야기를 통해 어느 정도 보여질 수 있을 뿐이다.

절대적인 선악이 무엇인지 알려 주라

그렇다면 어떻게 아이들을 선으로 이끌 것인가? 우선 단도직입적으로 선량해지라고 하거나 성격을 바꾸라고 하면 아이들은 쉽게 설득당하지 않는다. 사실 선량해지거나 성격을 바꾸는 것은 매우 어렵고, 설령 바꾼다고 해도 자신에게 유리할 것이 분명하다고 자신할 수도 없다. 또한 아이에 대해 단정 짓는 것처럼 보일 수 있고, 그렇게 되면 아이가 보호막을 치게 되고 선생님의 제안을 거부할 수도 있다. 그러므로 아이들에게 성격을 바꾸라고 하기보다는 성격을 바꾼 척해 보라고 제안하는 것이 좋을 경우가 많다. 또는 인정받기 위한 전략 전술을 바꿔 보라고 할 수도 있다.

그러나 아이들에게 상대적인 선악이 아닌 좀더 절대적인 선악이 무엇인지를 알려 주고 싶을 때가 있다. 이때 이것을 표현할 길이 막막해진다. 선과 악에서 선을 택하는 것은 결단이라고 하고 이것은 자신을 초월적 위치에 놓지 않으면 안 된다. 아이들도 마찬가지다. 학기 말이 되면 교실은 전쟁터와 유사하고 아이들은 다소 긴장이 풀어지고 서로에게 무관심하게 된다. 어떤 학급은 평화 지수가 높은 반면 다른 학급은 평화 지수가 낮다. 그리고 다시 1년이 시작될 것이다. 인정투쟁이 약간 소강 상태가 되고 다음 1년의 투쟁을 준비하는 시간이기도 하다.

이렇게 새로운 1년이 시작되거나 1년을 마무리할 때 선생님은 아이들에게 어떤 말을 하는 것이 좋을까? 아이들에게 시를 써주는 것은 어떨까? 흔히 시는 우리가 지향해야 할 초월적인 세계를 정서적으로 전달해 줄 수 있고 공감을 이끌어 낼 수도 있다.

인정투쟁과 인정욕망에서 벗어나기는 쉽지 않지만, 우리가 지향할 수 있는 세계가 있음을 공유하는 것은 인정투쟁과 인정욕망을 줄일 수 있는 길이다. 시는 선한 방법으로 자신의 인정욕망을 추구할 수 있는 이상적인 세계를 그리워하고 실천의지를 다지는 데 도움이 될 것이다. 또한 평화의 의지를 가지고 있는 일부 아이들에게는 선생님이 보내는 지지나 마음의 선물이 될 수 있을 것이다. 인간에게는 인정욕망 이외에도 평화 욕망과 의미의 욕망이 있음을 알려 줄 필요가 있고 그것을 전달하는 형식으로는 시가 가장 적절할 수 있다. 시는 사람들에게 공감을 일으킬 수 있는 예술 형식이기 때문이다.

요즈음 아이들
_ 김경욱

죽은 시인의 말처럼
38선은 38선에만 있는 것이 아니다
그때도 분열과 철조망은 세상에도 마음속에도 있었다

분열은
학교폭력과 센 척에 있고
아부와 복종, 거짓 우정과 동조에 있다
내 욕망이 나에 대한 사랑이 되어 버린 외로운 눈먼 사랑에도 있다

차디찬 자기애라는 감옥 속에서
학교는 뻔뻔한 자가 승자가 되는 욕망의 장이 되어 버린다

그러나 희망은

서로를 향한 주먹에 있지 않고

진짜 벽을 부수는 선한 이에게 있다

온 세상을 함께 상상할 줄 아는 사람들의 어깨 위에 있다

세상의 고통에 함께 고민하고 슬퍼하며

하늘에서 불어오는 바람결에 임의 얼굴을 볼 줄 아는

외로워도 천 년을 흘러갈 수 있고 쓸쓸해도 바다를 향해 갈 수 있는

선한 자들의 지혜, 인내, 용기에 있다

가정도 인정투쟁의 장

인정투쟁의 대상은 타인이며, 타인이 있을 때 인정투쟁이 치열하게 일어나는 만큼 타인들에 둘러싸여 긴 시간을 보내야 하는 교실이야말로 아이들의 인정투쟁의 장이라고 할 수 있다. 그다음으로는 가족들과 많은 시간을 보내는 가정이 인정투쟁의 장이 된다. 파편화되고 해체 위기에 몰린 가정은 결코 사랑이나 우애가 넘치는 장이라고 볼 수 없다. 예전 가부장제가 확고하던 시절에는 부모, 형제 간의 서열이 분명했다. 하지만 가부장제가 많이 사라진 요즘에는 가정도 가족 구성원 간의 인정투쟁의 장으로 변했다고 할 수 있다. 이러한 가정에서 부부는 물론 형제자매도 인정투쟁을 벌인다. 가족 구성원들은 서로 인정하고, 또 인

정받기를 바란다. 그것이 사랑이라는 이름이든 효도라는 이름이든, 어떤 것이라도 좋다.

아이들이 학교에서 인정받는 방법과 가정에서 인정받는 방법은 같을 수도 있고 다를 수도 있다. 학부모 면담을 하면 아이가 집에서는 안 그런데 학교에서는 왜 그런지 모르겠다고 말하는 부모들을 많이 만난다. 어떤 아이들은 학교에서 터득한 인정투쟁의 방법을 가족 간의 인정투쟁에 활용하기도 하고, 가족 간에 활용했던 인정투쟁 방법을 학교에서 활용하기도 한다. 만약에 학교나 가정이 모두 인정투쟁의 장이라고 하는 것이 맞는다면, 가장 불쌍한 아이들은 학교에서도 가정에서도 인정받지 못하는 아이들이다.

학교에서 따돌림당하는 아이가 가정에서 사실대로 털어놓지 못하는 이유가 여기에 있다. 부모가 아이의 피해 사실을 알게 되는 순간 아이는 가정으로부터는 보호받을 수 있지만, 학교에서는 떳떳하지 못한 아이로 취급당할 수 있기 때문이다. 그렇게 되면 부모로부터는 보호받을 수 있겠지만 그동안 아이들로부터 누려 왔던 인정이 위험에 처해지기 때문이다.

그러므로 학교폭력 피해자가 가족으로부터도 못난 아이 취급을 받게 되면, 그 아이는 이 세상에서 타자의 시선으로부터 숨을 곳이 없게 된다. 세상의 모든 사람들이 자신을 멸시하고 무시하는 것처럼 느껴질 것이다.

따라서 학교폭력이 횡행하는 세상에서 가정은 아이들의 최후의 보루

임을 부모는 알아야 한다. 더불어 부모 자신의 삶에 있어 인정욕망을
실현하기 위한 전략 전술은 무엇이었을까, 자신이 아이에게 어떤 영향
을 주었고, 또 앞으로 주게 될지 생각해 보는 시간을 아이와 함께 갖는
것도 좋을 것이다.

인정욕망은 사람들의 인생관이나 신념과 매우 밀접한 관련이 있는 만큼 아이들이 가지고 있는 인지 구조를 깨줄 필요가 있다. 이것은 그 아이를 비난하는 것이 아니라, 그 아이가 가지고 있는 인지 구조를 깨주는 것이기 때문에 교육적으로 의의가 있다. 합리적 정서 행동 치료에서는 이것을 '논박'이라고 한다. 우리는 아이들과 차분하게 소크라테스가 제자들과 주고받은 문답식의 대화를 할 수 있어야 한다.

어른들이 이러한 유연한 자세를 갖게 되면 아이도 그것을 배우게 된다. 물론 반영적 경청이나 그냥 무심히 지나치는 것도 도움이 된다. 선생님이나 부모가 잘 들어주는 것도 도움이 될 수 있다. 때로는 평화적인 대화 방법을 알려 줄 수도 있다. 그러나 이러한 방법은 한계가 많다. 요즘 아이들에게는 이보다는 좀더 적극적인 상담과 대화가 필요하다. 소크라테스적 대화를 하려면 선생님이나 부모가 자신의 신념과 인생관을 성찰할 줄 알아야 한다.

다음 인간관계와 인생관에 대한 문진표는 우리가 흔히 범할 수 있는 인식 오류의 목록이다. 아이가 이 중에서 어떤 오류를 범하고 있는가를 생각해 볼 기회를 주도록 하자. 각각의 명제는 무조건 옳거나 틀린 것은 아니다. 그러나 여기에 있는 명제들은 현실에서 모순을 일으키거나 다른 사람들과 갈등을 일으킬 우려가 있는 것이다. 이 명제들에 대해 다 생각해 보기 어렵다면 아이가 특별히 예민하게 반응하는 명제를 몇 개 선정해서 그것에 대해서 집중적으로 이야기를 나눠 보는 방법도 좋다.

선생님과 학생, 부모와 자녀가 이러한 주제를 놓고 이야기한다면 훨씬 좋은 생각을 길러 줄 수 있고, 선생님과 학생, 부모와 자녀의 깊이 있는 대화를 통해 서로에 대한 이해도 높일 수 있어 진실한 교류를 할 수 있을 것이다. 아이들은 자신을 깊이 이해하는 어른이 있다는 사실만으로도 세상을 신뢰할 수 있고 자신감을 회복할 수 있을 것이다.

인간관계와 인생관에 대한 자신의 생각 정리해 보기

다음 목록 중에서 몇 가지를 정해서 나의 생각과 친구들의 생각을 각각 적어 보자. 그리고 왜 그렇게 생각하는지를 서로 이야기해 보자.

1. 어떤 식으로든 인정을 얻는 것은 인정을 잃는 것보다 좋다.
   나의 생각 :
   친구의 생각 :
   친구의 생각 :

2. 잘못을 반성하거나 후회하는 것은 자신이 약한 존재임을 드러내는 것이다.
   나의 생각 :
   친구의 생각 :
   친구의 생각 :

3. 나의 잘못을 남에게 사과하는 것은 별로 중요한 일이 아니다.
   나의 생각 :
   친구의 생각 :
   친구의 생각 :

4. 남이 나의 잘못을 지적하는 것은 나를 비난하는 것이다.

　나의 생각 :

　친구의 생각 :

　친구의 생각 :

5. 화해나 협상을 먼저 제안하는 것은 자신의 잘못이 더 많음을 인정하는 것이다.

　나의 생각 :

　친구의 생각 :

　친구의 생각 :

6. 나의 잘못은 남이 모를수록 좋다.

　나의 생각 :

　친구의 생각 :

　친구의 생각 :

7. 자존심을 침해하는 것을 참아서는 안 된다.

　나의 생각 :

　친구의 생각 :

　친구의 생각 :

8. 그 일에 대해 계속해서 걱정하는 것은 그 일을 성공적으로 하는 데 도움이 된다.

나의 생각 :

친구의 생각 :

친구의 생각 :

9. 나는 손해 봐서는 안 된다.

나의 생각 :

친구의 생각 :

친구의 생각 :

10. 남에게 피해를 주지 않는다면 무엇을 하든 좋다.

나의 생각 :

친구의 생각 :

친구의 생각 :

11. 나에게 피해가 되는 것은 무조건 거부해야 한다.

나의 생각 :

친구의 생각 :

친구의 생각 :

12. 당장에 나에게 이익이 되는 것을 선택하는 것은 당연하다.

나의 생각 :

친구의 생각 :

친구의 생각 :

13. 나의 성취는 내 능력이나 노력에 의한 것이므로 성취물은 모두 나의 것이다.

나의 생각 :

친구의 생각 :

친구의 생각 :

14. 성격은 주어진 운명이므로 나의 노력으로 바꿀 수 없거나 바꿀 필요가 없다.

나의 생각 :

친구의 생각 :

친구의 생각 :

15. 남성은 남성다울수록 좋고 여성은 여성다울수록 좋다.

나의 생각 :

친구의 생각 :

친구의 생각 :

16. 시비를 따질 때 언제나 잘못한 사람과 잘못하지 않은 사람으로 나뉜다.

나의 생각 :

친구의 생각 :

친구의 생각 :

3장

시로
말 걸기

우리는 무엇으로 살아가는가?

누군가에게 의미 있는 사람이 되는 것, 의미 있는 일을 하는 것은 인간의 기본적인 욕망일 것이다. 선생님이 된 지 10년이 넘어서도 나는 그 '의미'를 찾지 못해 방황했다. 한 가지 일을 10년 이상 해왔다면 나름대로 전문성과 자신감을 가지고 보람도 느껴야 한다. 그런데 그때의 나는 그러지 못했고, 왜 그런지도 알지 못했다. 더 이상 새로운 학기가 기다려지지 않았고, 아이들과의 만남도 기대가 되지 않았다.

그렇게 하루하루를 보내던 교직 생활 13년 차에 시를 만났다. 나는 아이들과 시로 대화하면서 나의 마음과 아이들의 마음을 자세히 들여다볼 수 있었다. 그제야 비로소 아이들과 '진실한 만남'에 이르렀고, 내 우울의 원인이 되었던 '무의미함'도 떠나보낼 수 있었다. 나는 아이들의 마음을 알고 싶었는데 그 방법을 몰라 방황했던 것이다.

교육적으로 '진실한 만남'이란 교사와 아이가 서로를 '이해'하는 것이다. 교사가 진솔하게 마음을 전하면 아이들은 진심 어린 응답을 보낸다. 그러면 교사는 다시 그 응답을 통해 아이들을 이해한다. 그동안은 나와 아이들 사이에 그 마음의 장벽이 가로막혀 있었다면, 시를 만나고 서서히 마음의 장벽이 허물어지면서 교사로서의 나의 하루하루가 더욱 의미 있는 나날들로 채워졌다.

시는 감정을 표현하는 수단이기도 하지만 교류의 수단으로서 무엇보다 큰 매력을 지니고 있다. 예나 지금이나 아이들의 마음을 알지 못해 속앓이를 하는 부모나 선생님이 많다. 우리 부모 세대에는 아이들의 마음을 알고 싶을 때 도시락 편지, 즉 도시락 속에 편지를 써서 엄마의 마음을 전하곤 했다. 하지만 지금은 도시락을 싸다니는 시대도 아니다. 그렇다고 아이들을 불러 놓고 "자, 이제 우리 지금부터 솔직하게 마음을 터놓고 이야기해 보자"라고 한다고 대화가 되는 것도 아니다. 서로 어색하고 쑥스러운 건 마찬가지다.

이럴 때 시 쓰기는 아주 효과적이다. '시'라는 장치를 통해 남의 눈치를 보지 않고 자연스럽게 자신의 마음을 드러낼 수 있기 때문이다. 이건 말이나 산문으로는 절대 할 수 없는 시가 지닌 고유의 장점이자 매력이다. 따라서 아이들의 마음을 알고 싶어 하는 부모님이나 선생님, 자신의 마음을 알고 싶어 하는 아이들에게 시 쓰기를 적극적으로 추천한다. 시는 '교류의 수단'으로서 언제나 강력한 힘을 발휘할 것이다.

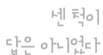

센 척이
답은 아니었다

내가 첫 발령을 받은 곳은 지방 소도시의 중학교였다. 신출내기 교사인 내가 맡은 반에는 이른바 거물급 '일짱' 영래가 있었다. 열네 살 아이답지 않은 눈빛을 가진 영래는 첫 대면에서부터 조용히 경계하는 눈초리로 나를 바라보았다.

영래는 교활하게도 항상 뒤에서 움직였다. 크고 작은 말썽이 일어날 때마다 뒤에는 그 아이가 있으리라 짐작했지만 쉽게 꼬투리를 잡을 수 없었다. 그런데 어느 날, 영래가 가진 권력을 단적으로 보여 주는 사건이 일어났다. 1학기 기말고사 수학 시험에서 성적이 좋은 석환이가 똑같은 답안지 두 개를 제출하다 감독 선생님에게 들킨 것이다. 그중 하나에는 영래의 이름이 적혀 있었다. 영래는 이번에도 자기는 모르는 일이라고 했다. 석환이가 스스로 한 것이라고. 0점 처리된 석환이는 담담한 척 웃으면서 "친구잖아요"라고 했다.

둘 다 시험을 0점 처리하는 것으로 사건은 마무리되었지만, 이 사건 뒤에 숨은 보다 본질적인 문제는 밝히지 못했다. 영래는 학급의 권력을 장악했고, 반듯한 모범생이던 석환이는 점점 엇나갔다. 석환이는 영래의 양 날개 중 하나가 되어 누군가를 괴롭히는 짓궂은 장난을 하거나 수업 시간 훼방꾼으로 앞장섰고, 사사건건 담임인 나에게 반기를 들었다.

나는 센 척을 했다. 치한을 만났을 때도 "이 나쁜 놈아!"라고 외치는 게 내가 아는 욕의 전부였다. 그런데도 일부러 욕을 하고 소리를 지르면서 아직 어린 소년들을 제압하려고 했다. 그러다 문득 이런 생각이 들었다.

'내가 서열의 맨 꼭대기를 차지해서 폭력을 누르는 수밖에 없는 것일까?'

물론 아무리 그렇게 마음먹었다고 해도 제대로 해낼 수는 없었을 것이다. 나는 '절대악'을 만나면 맞주먹질도 불사하겠다는 독한(?) 결심으로 매일 아침 학교에 갔다.

절대악은 없었다

그렇게 첫 발령지에서 3년을 보내고 뒤도 돌아보지 않고 그곳을 떠났다. 지역을 옮겨 고등학교에서 근무하고 다른 선생님들과 교과 연구모임도 하고, 방학 때는 이런저런 연수도 다니면서 열심히 생활했다. 또

꽤 머리가 굵어진 아이들을 데리고 교과 동아리 활동도 하고, 인문학 교실 같은 프로그램도 하면서 교사로서의 보람도 느꼈다.

내 속에 똬리를 틀고 있던 그 알 수 없는 무능함의 정체도 사라지는 듯했다. 그러면서도 마음 한구석에서는 불안을 떨칠 수 없었다. 정도의 차이는 있지만 영래와 같은 아이는 어느 학급에나 있었고, 아이들과 잘 지내고 싶은데 그러지 못한 관계에서 오는 상처는 아이들의 마음도 내 마음도 병들게 했기 때문이다.

더 이상 나를 지탱할 수 없을 것만 같은 어느 날 문득 깨달은 것이 있다. '일짱'이라는 절대악은 없다는 것이었다. 지금 돌아보면 영래는 불우한 가족사에 대한 피해의식과 비틀린 인정욕망을 가진 아이였다. 인정욕망을 채우기 위해 타인을 짓밟고 권력을 쥐는 방식을 선택한 이기주의자였던 것이다. 이처럼 가해자 아이들은 다만 어리석거나 욕심이 많거나 피해의식에 시달리는 지독한 이기주의일 뿐이다. 그리고 학급 내 관계가 평화롭지 못하면, 평범한 아이도 자기보다 약한 아이에게 자신이 가진 '한 줌'의 권력을 쉽게 휘두르곤 한다.

그러나 초임 시절의 나는 아이들과의 교류에 서툴렀다. 특히 영래처럼 튀는 아이들을 만나면 어찌해야 할지 몰랐다. 대학 시절에도 배운 적이 없었고, 그나마 대학교 4학년 학교 실습 때 짓궂은 남학생 몇을 대한 게 전부였다. 평화로운 학급을 삐거덕거리게 만드는 실체를 깨닫기에는 역부족이었다. 더욱이 절대악을 만나면 내가 그 아이들보다 더 센 척해서 제압하겠다는 생각뿐이었다. 다른 선생님들도 폭력적인 아이들이나 말썽을 피우는 아이들을 만나면 나와 같은 생각으로 아이들을 협박하거나 체벌 등 '센 척'으로 대응하는 것 같았다. 그런데 바로 이 센 척이 문제였다. 아이들과 나 사이에 더욱 거리를 만들었기 때문이다.

선생님이라면 어떠한 순간에도 아이들과의 교류를 잊어서는 안 된다. 부모도 마찬가지다. 어떠한 상황에서도 이것을 포기해서는 안 된다. 그런데 나도 모르게 나 자신을 방어하려고 아이들에게 센 척으로 대응했고, 결국 아이들과 '거리 두기'를 하는 결과를 낳았다. 아이들과 진짜 교류하기 위한 뭔가 새로운 방법이 필요했다.

'아이들과 제대로 교류하고 소통하자!'

먼저 아이들과 친해지려고 노력했다. 말도 더욱 친절하게 하고 일부러 다가가서 이야기도 먼저 건넸다. 하지만 그것만으로는 부족했다. 아이들의 속마음까지는 가닿지 못했다.

권태로운 고3 아이들과 이야기 학급통신

　그러던 어느 날 시를 만났다. 교직 13년 차에 있었던 일이다. 당시 나는 2년째 고3 담임을 맡고 있었다. 고3 아이들은 권태롭다. 고3쯤 되면 새로운 도전도, 희망을 품는 일도 할 수 없다. 반항하고 못되게 굴던 아이들도 자게 내버려 두면 얌전하다. 입시에 매달려 조급한 아이들과 '학습된 무기력'으로 손가락 하나 까딱하지 않는 아이들, 양 극단의 아이들이 교실에 공존한다.

　문득 이런 아이들을 그냥 내버려 둘 수만은 없다는 생각이 들었다. 나 또한 이런 아이들 못지않게 권태로움을 느꼈는지도 모르겠다. 나치의 강제수용소에서 살아남은 정신과 의사 빅터 프랭클은 수용소 안에서나 죽음의 순간에 오히려 '억제할 수 없이 분출되는 궁극적 의미에 대한 갈구'를 목격했다고 했다. 아이들도 나도 마음속 저 깊은 곳에서는 '의미'를 찾기 위한 욕구가 용솟음치고 있었는지도 모른다.

새로운 이야기를 써나가게 하는 이야기 학급운영

나는 희망을 품고 새로운 시도를 해보기로 했다. 나에게 새로운 시도를 할 용기를 준 것은 당시 참여하고 있던 선생님들의 연구모임이었다. 이 모임에서 접한 '이야기 학급운영'은 학교폭력을 예방하는 데 매우 효과적으로 보였고 흥미로웠다. 그래서 나도 시도해 보기로 했다.

'이야기 학급운영'이란 간단히 말해 한 편의 이야기를 쓰듯 학급을 운영하는 것이다. 그렇다고 지금까지의 학급운영과는 전혀 다른 무언가를 하는 것은 아니다. 다만 맥락 없이 나열된 각종 행사들로 학급운영을 채우는 것이 아니라, 그러한 행사들을 하나의 주제를 가진 '이야기'로 잘 꿰어 내자는 취지다. 그렇게 하기 위해서는 1년이라는 흐름 속에서 학급을 바라보아야 한다. 정리하면 다음과 같다.

발단_3월에는 서로에 대해 파악하고 관계를 맺기 시작한다.

전개_그 이후엔 본격적으로 문제가 일어난다.

위기_문제를 평화롭게 해결할 수도 있으나 더욱 심각해지기도 한다.

절정_폭력을 평화롭게 해결하지 못하면 불평등한 위계 구조는 고착화되고 폭력
　　은 일상이 될 것이다.

결말_학년 말이 되면 1년 동안의 생활을 돌아보면서 평화롭게 매듭지을 수도 있

고, 그렇지 못할 경우 다음 해의 폭력으로 이어질 수도 있다.

이러한 흐름 속에서 교사는 각 단계마다 이야기를 평화로 이끌기 위한 역할을 해야 한다. 문제가 일어나고 사건이 벌어질 때마다 '좌절과 실패의 이야기'로 주저앉지 않도록 '새로운 이야기'를 써주어야 하는 것이다. 그런데 문제는 연출자로서의 교사가 '새로운 이야기'를 어떻게 쓸 것인가다.

나는 일단 학급에서 일어나는 일들 하나하나에 소중한 의미를 부여하는 것부터 시작해 보자는 마음이었다. 그런데 고3 아이들에게 '이야기 학급운영'이라니! 과연 먹힐지는 미지수였지만, 아무것도 하지 않는 것보다는 뭐라도 해봐야 할 것 같았다.

학급통신으로 이야기를 엮어 가다

새 학기 첫날, '평화와 우정의 이야기'를 함께 써나가자고 아이들에게 말했다. 아이들은 그것이 어떤 의미인지 잘 모르는 것 같았다. 으레 그렇듯이 1년간 사이좋게 잘 지내자는 이야기쯤으로 받아들였던 것일까? 아이들은 내가 '학급통신'을 나누어 주자 그제야 뭔가 좀 다르다는 것을 느끼는 것 같았다. 그 학급통신은 입시 정보 대신 평화를 노래한 시나 우정에 관한 이야기들로 채워져 있었기 때문이다.

아이들은 어리둥절해하면서도 별 거부감 없이 받아들였다. 나중에 알게 된 사실이지만, 타인의 시선을 많이 의식하는 10대 아이들의 특성이 우리 반에는 유달리 심했다. 따라서 다른 사람들 앞에서 '튀는' 것을 극도로 꺼려했다. 수업 시간에도 너무 반응이 없어 선생님들이 무안해할 정도였다. 그러니 아이들의 침묵을 긍정으로만 받아들여서는 안 된다. 하지만 그때는 그것을 몰랐기 때문에 '싫지 않은가 보다'라고 생각하고 내 생각대로 추진해 나갔다.

나는 매주 학급에서 일어난 일들 중에서 '평화와 우정'에 대한 것을 학급통신에 실었다. 일단 학급 규칙을 만들고 반장 선거 분위기를 조성하는 등 평화로운 학급 구조를 만드는 3월의 교실 풍경을 담았다. 그리고 기사를 쓸 때 은근슬쩍 질문 형태로 아이들의 반응을 유도해 보았다.

지금 망설이고 있다면 용기를 내어 반장, 부반장 후보로 나서 보세요. 오늘까지입니다. 나설 수 있다는 적극성과 용기만으로도 반장으로서의 자격이 충분합니다. 그리고 올해 ○○반은 어떤 반장을 원하나요?

이 기사가 나가자 아이들은 마지막 날 후보 등록을 갑자기 많이 했다. 그래서 반장 후보 3명, 부반장 후보 3명으로 풍성한 선거를 할 수 있었다. 선거 유세를 하던 날 후보들은 넘치는 끼를 보여 주었고, 이에 호응하는 아이들로 인해 축제 같은 분위기였다. 수업 시간에 지나치게 조용하던 아이들이 사실은 눈치를 보고 있었다는 것을 알게 해주는 시간이었다.

4월에는 지나친 장난이나 폭력과 유사한 상황 등 교실에서 일어난 일들을 관찰해 묘사했다.

우리 반이 안심하고 자신의 목소리를 낼 수 있는 화목한 교실이 되려면 어떻게 해야 할까요? 우리 반에서 수업을 하시는 선생님들께서 "너희 반은 너무 조용하고 반응이 없다"라고 말씀하신다고 들었습니다. 여러분은 그 말에 대해 어떻게 생각하나요? …… 우리 반은 서로에 대한 호기심 반, 두려움 반인 그런 상태가 지속되고 있는 것 같습니다. 적당한 긴장감은 삶의 활력소가 됩니다. 하지만 이 긴장이 지속된다면 사람은 견디지 못하고 불편해집니다. 자, 무언가를 해야 하지 않을까요?

나는 이 기사를 통해 관계 맺기에 힘들어하는 학기 초의 모습을 객관화시켜 보여 주며 안심해도 된다고 격려하고 싶었다. 이 기사를 함께 읽은 뒤에 큰 변화는 없었지만 몇몇 아이들이 수업 시간에 대답하려 노력하더라는 후일담을 다른 과목 선생님이나 아이들에게서 들을 수 있었다.

5월에는 마니또, 학급 단합대회 등 이벤트를 하며 생긴 에피소드를 골라 실어 평화로운 관계 맺기를 강조했다. 그리고 평화와 관련된 시를 꾸준히 한 편씩 실었다. 6월부터는 학급통신 발행을 아이들에게 넘겨서 스스로 이야기를 만들어 내게 할 작정이었다. 그러나 고3 수시 준비가 시작되고, 6월부터 무언가 정체되기 시작했다.

'이대로 포기해야 하나?'

시 속에 아이들의
마음이 있다

여름방학을 보내고 돌아온 고3 교실은 수시 전형을 준비하느라 한창이었다. 우리 학교에서는 대부분의 아이들이 수능 점수가 반영되는 정시보다는 수시를 통해 대학에 들어가는 것이 유리하다. 여름방학 중에 자기소개서 쓰기를 지도했던 터라 개학을 하자마자 자기소개서를 봐달라며 밀려드는 아이들 때문에 화장실 갈 시간도 없을 지경이었다. 시간이 부족하다 보니 쉬는 시간은 물론 종례 시간에 학급에 들어가지 못하는 일도 종종 있었다. 그렇게 학급의 이야기는 멈춰 버렸다.

그즈음 우리 반 교실에 들어가면 썰렁한 분위기가 느껴졌다. 워낙 조심스러운 아이들이라 학기 초부터 여러 선생님들에게 왜 이렇게 조용하느냐는 지적을 많이 받기도 했지만, 아직까지도 이런 분위기라는 것이 불안했다. 1학기에 마니또, 단합대회 등으로 화기애애해지려던 흐름이

뚝 끊기고, 방학이 지나고 돌아오니 마치 3월 같은 모습이 연출되었다.

그런데 어느 날, 예상치 못한 일이 일어났다. 한 학생이 거의 '연쇄 테러'라고 할 정도의 일을 당한 것이다.

개학 후 얼마 지나지 않은 8월 30일 아침, 교실에 들어가 보니 한 아이의 노트에 토마토소스가 뿌려져 있었다. 이론 과목의 핵심 내용을 정성껏 필기해 놓은 페이지마다 소스 범벅이었다. 나는 서둘러 해결책을, 답을 내어놓으려고 했다. 그러나 쪽지를 돌려 목격자를 찾고, 이런 때일수록 다 함께 더 잘하자는 애매한 메시지를 전하는 것 외엔 할 수 있는 일이 없었다.

다행히 피해 당사자는 담담했다. 친구들의 위로와 지지를 받으며 극복했다. 마음씨 고운 피해자는 나까지 배려한 것인지 내 앞에서 속상한 티도 내지 않았다. 그러나 나는 속으로 불에 덴 듯 깜짝 놀랐다. 그동안 학급 일에 소홀한 것을 반성하며 교실에 더 자주 들렀다. 그렇게 한 달이 지났다. 나의 노심초사하는 마음을 비웃듯 또다시 사건이 발생했다.

역시 소스 테러를 당한 아이의 사물함이 대상이었다. 실내화, 교복 카디건, 교과서에 치약이 뿌려져 있었고, 닦으려고 물티슈를 열어 보니 그 안에도 치약이 잔뜩 뿌려져 있었다. 너무나 악의적인 행동이었다. 또다시 부랴부랴 해결책을 내어놓았다. 피해자를 위로하고 자치방범대를 운영하자는(분실 사건도 몇 건 있었으므로) 나의 해결책은 겉으로는 그럴듯해 보였다. 그러나 사실 나는 범인을 잡을 수 없다는 결론을 이미 마음속에 내려놓고 있었다. 스스로 너무나 무력하게 느껴졌고, 그것을 아이들도 알게 될까 봐 두려웠다.

시로 범인 찾기

혼자서 끙끙 앓던 나는 선생님들과의 연구모임에 가서 조언을 구했다. 그런데 뜻밖에 귀가 번쩍 뜨이는 이야기를 듣게 되었다. 범인을 잡아야 하며, 그 한 방법으로 시를 써보라고 했다. 시 쓰기를 통해 아이들과 교류하며 학급을 운영하는 방식은 우리 모임에서 활동하는 한 선생님의 아이디어인데, 이미 다양한 실천으로 감동적인 결과를 이끌어 내고 있었다. 그래도 이 상황에서 시를 쓰라는 말은 다소 엉뚱해 보일지 모르지만, 실상은 그렇지 않았다. 그것이야말로 이 사건을 풀어낼 수 있었던 핵심 열쇠였다.

아이들에게 이 사건 때문에 괴로워하는 나의 심정을 먼저 펼쳐 보이기 위해 시를 썼다. 그것은 결코 쉽지 않은 선택이었지만, 나를 내려놓아야 사건도 풀 수 있을 것 같았다. 나는 〈검은 페이지로 칠해진 생일 카드〉라는 제목의 시를 썼는데, 두 번째 사건을 알게 된 날이 마침 나의 생일이기도 했다.

> 창틀에 놓여 있는 실내화 한 짝
> 가을 햇살에 몸을 말리고 있다
> 독약처럼 미움처럼 끈적끈적한 그것

그것을 닦아 내는 마음은 어땠을까

"선생님은 우리에게 관심이 없는 걸까?"
"선생님은 우리 반을 싫어하시나?"

가벼운 원망에도
마음이 무너지고 속상했는데,
따뜻한 떡 나눠 주며 털어 버리려 애썼지만
여전히 마음 구멍으로 서늘한 바람 들락거리는데……

누군가 나를 미워한다
누군가 내가 고통받길 원한다

책을 펼칠 때마다 끈적이도록
옷을 입을 때마다 달라붙도록
교실에 들어설 때마다 질퍽이도록

"과연 아무도 본 사람이 없을까?"

살아 꿈틀거리는 의심이 되고
모두에게 검은 그림자 하나씩 붙여 주는구나

몰래 누군가를 의심하게 만들고
몰래 모두를 분열하게 만들고

작은 파시스트는 승리의 웃음을 짓고 있을까?
우리 모두는 이대로 패배자인 걸까?

평화의 이야기를 함께 쓰자 했건만
폭력의 검은 페이지 앞에서
주춤거리는 우리

　피해를 당한 아이는 딱히 원한을 산 일이 없었다. 꾸밈없고 성실한 성격으로, 아이들 모두에게도 신망이 두터웠다. 나도 그 아이를 기특하게 생각했다. 그래서 가해자 아이가 이 아이를 선택한 이유는, 어쩌면 이 아이를 예뻐하는 선생님에 대한 불만을 토로한 것은 아닐까 하는 생각이 들었다. 그리고 그 아이에게 가한 폭력은 질투 때문일 수도 있겠지만, 평화를 강조하는 담임을 향한 보여 주기라는 생각이 들었다. 그래서 '누군가 나를 미워한다/누군가 내가 고통받길 원한다'에서 '나'는 피해 학생이기도 했지만 교사인 나 자신이기도 했다.
　이 사건으로 나는 아이들로 하여금 단순히 '미움'과 '고통'이라는 개인의 감정을 넘어 '이 사건을 해결하지 못하면 우리 모두 패배자!'라는 인식을 심어 주면서 연대 책임 의식을 느끼게 하려 했다. '평화와 우정의 이야기'를 함께 만들어 나가는 꿈을 꾸었는데, 그 꿈이 좌절되어 너무 절망스럽다는 마음을 전하고 싶었다.

아이들 앞에서 뜬금없이 시를 읽으려니 부끄러웠지만, 설사 아이들이 냉소적인 반응을 보인다 해도 기꺼이 감수하겠다는 각오로 시를 읽어 나갔다. 그리고 아이들에게 내 시에 대한 답시를 써달라고 했다.

시 속에 있는 아이들의 마음

아이들은 내가 기대했던 것 이상의 답시를 써주었다. 내가 아이들의 시를 읽으면서 가장 크게 반성했던 것은 아이들 개개인의 존재를 만나는 일에 소홀했던 나의 모습이었다. 시 속에는 바로 아이들이 있었다. 개성도 생각도 고민도 제각각 다른 아이들이 그 속에 있었다. 나는 학급 서사(이야기)를 고민할 때, 집단 서사로만 생각했을 뿐 그 이야기의 주인공이 될 사람은 개별 존재들이라는 점을 간과했던 것이다. 개별 존재들이 부각되자 범인이 누구인지도 드러났다.

시 쓰기는 이 사건을 풀어내는 핵심 열쇠가 되었다. 그것은 이 테러 사건의 진실이 바로 화목하지 못한 학급 분위기, 즉 '교류와 소통의 부재'에 있었기 때문이다. 이야기 학급통신이 그랬듯 담임의 일방적인 주도로 억눌려 있던 마음, 표현하지 못했던 불만이 폭력적인 방식으로 터져 나온 것이었다. 그런데 시를 쓰고 마음을 나누면서 평화를 회복하게 되었다. 그뿐만이 아니다. 시로 범인을 찾아내기도 했다.

시에서 유일하게 다른 정서를 보이는 아이가 있었다. 아이들은 시를 통해 다양한 이야기를 풀어 놓긴 했지만, 큰 틀에서 보면 피해자와 나란히 서서 같은 시선을 유지하고 있었다. 그런데 한 아이만 유독 동떨어진 소재로 의미가 모호한 시를 썼다. 아이들의 시를 모아서 읽어 보니 그 차이가 두드러졌다.

또 그 아이는 첫 번째 테러 사건이 있었을 때도 다른 반응을 보였다. 모두가 피해자를 둘러싸고 공감하고 분노하며 위로하는데 그 아이만 피해자를 책망하는 말을 했던 것이다.

그러고 보니 이 테러 행위는 그 아이가 처한 스트레스 상황과도 자연스럽게 맞아떨어졌다. 물론 그것만으로 범인이라고 단정 지을 수는 없었다. 그리고 그 아이가 범인이냐 아니냐는 이미 중요하지 않았다.

그렇게 10월 말이 무사히 지나고, 월말 테러의 악몽도 끝났다. 11월에는 그 일을 벌였을지도 모를 아이한테서 사과와 화해의 뜻이 담긴 편지 한 통을 받았다. 편지에 테러 사건이 직접 언급된 것은 아니었지만 그걸로 충분하다는 생각이 들었다

문제는 '범인을 찾을 수 없다'라는 전제

무려 12년간 학교를 다니며 산전수전 다 겪은 고3 아이들. 옳고 그른 가치에 따라 행동하기보다는 설령 학급에서 폭력이나 불의를 보더라도 참거나 모른 척하며 아무 일도 없다는 듯 일상을 견뎌야 하는 날이 더 많았을 것이다.

'내가 소리친다고 달라지지 않아!'

이렇게 생각하고 체념했을 것이다. 이번 폭력에 대해서도 아이들은 별 대수롭지 않게 '발생할 수 있는 일'이라고 치부했을 것이다. 아이들은 어떤 일이 있어도 크게 달라지지 않을 것이라는, 기대하는 마음 자체가 없었다. 아이들은 말했다.

"선생님, 우리는 변하지 않아요. 선생님도 결국 똑같다고요. 별수 없잖아요?"

그 말이 비수가 되어 내 가슴에 꽂혔다. 그런데 나를 더 괴롭혔던 것은 이것이 그동안 담임으로서 나한테 반복된 서사였다는 것이다.

나는 학급에서 도난이나 손괴 사건이 발생하면 '범인을 찾을 수 없다'

는 전제에서 일을 진행했다. 공동체의 질서를 지킨다는 명분으로 개인의 인권이 묵살당하는 일들을 학창 시절에 너무 많이 봐 왔기 때문이다. 그래서 나는 범인을 잡을 수 없더라도 잘못된 의심으로 누군가를 궁지에 모는 일은 결코 하고 싶지 않았다. 어쩌면 아름답지 못한 어떤 진실을 들추기가 두려워 외면했는지도 모른다. 아무튼 이런 사건 앞에서 나는 항상 피해자의 속상함에 공감해 주고 위로해 주는 것으로 보상하려 했다. 그러나 마음 한구석에서는 무력감이 스멀스멀 자라고 있었다. 그리고 이것이 아이들에게 언젠가 통하지 않을 거라는 두려움이 있었다.

테러 사건이 단발로 끝났더라면 나는 아마 또 기존의 서사를 반복했을 것이다. 좀 더 학급에 관심을 가지고, 피해자가 잘 지내는지 지속적으로 확인하면서. 그런데 두 번째 테러 사건이 일어나면서 더 이상 피할 수 없구나 싶었다. 나의 시로 아이들 각자가 이 사건이 어떤 의미인지, 중요하게 생각하는 가치와 신념은 무엇인지를 알 수 있는 계기가 되기를 간절히 바랐다.

다음은 아이들의 답시다.

고3

우리는 고3이다
다음 달이면 수능 보는 고3

수능 날은 비행기도 못 뜨게 한다

그런 고3이기에
자신만 생각해 온 고3이기에
우리는 너무 주변 사람들에게 무심했던 게 아닐까

면접 준비 적성 준비
점점 더 학교를 빠지기에
서로에게 무심했던 게 아닐까

비록 수능이 끝나면
더 많이 나오지 않겠지만
그때는 이런 일 없이
검은 페이지가 아닌
알록달록한 페이지를 쓰길 바란다

무제

주위를 둘러보지 않고 흰 바탕에 검은 길만 본다
너는 책만 보니 직접 묻는다

이기적인 놈아 주위를 둘러봐라
하지만 그는 오늘도 책만 본다

그는 미래를 꿈꾼 것인데
과연 잘못된 것인가

직접 그에게 묻는다
앞만 보는 것도 지겹지 않나

그가 말한다
그것이 오직 미래로 가는 지름길인가

그것은 지름길이자 나의 척도다
나는 그에게 말한다
가끔은 주위를 보다가
친구가 힘든 것 있으면 돕고
성질만 내지 말고 웃어라

하지만 그는 거부하고 나를 부정한다
그는 앞만 보며 달린다
오늘도, 내일도

힘든 입시에 찌들어 오늘도 썩는다

어쩔 수 없는 입시

주위조차 신경 쓸 수 없는 그에게

관심은 사치다

〈고3〉과 〈무제〉를 쓴 아이들은 성적이 좋아서 누구보다 열심히 막바지 공부를 하는 중이었다. 학교에 오면 이어폰을 귀에 꽂고 문제집을 들여다보았다. 그래서인지 입시에만 매달리다 다른 것에 소홀해진 자신을 돌아보고 반성하는 내용이다. 그리고 입시보다 더 소중한 가치가 있다는 것을 은연중에 일깨우고 있다. 〈고3〉에서 '자신의 입시만 생각하느라 주변 사람들에게 무심했던 게 아닐까'라는 질문은 스스로에게 던진 것으로 보인다.

〈무제〉는 입시 경쟁에 지친 정서가 거친 어조로 드러난다. '입시에 찌든' 자신은 '너'라고 대상화하고, 그런 자신에게 끊임없이 말을 거는 양심의 목소리를 '나'로 표현한다. 시에 드러난 '너'의 말을 자세히 들여다보면 책만 보는 자신이 '과연 잘못된 것인가', 앞만 보며 달리는 것이 '오직 미래를 향한 지름길인가'와 같이 스스로에게 의문을 던지고 있다. 회의하고 혼란스러워하는 것이다. 질문을 던져 보았으나 결국 '그는 거부하고 나를 부정한다' '어쩔 수 없는 입시' '관심은 사치다'로 주저앉아 버리는 결말이 안타깝다.

불청객

피곤하고 뻐근한 아침
오늘도 늑장을 부린다
기껏 준비하고 꾸역꾸역 간 학교
친구들을 보아도 몸은 피로하다

아이들이 집을 향한다
그 모습에 나도 좀 해이해졌나 보다

선생님을 생각하지 않았던 우리는
알게 모르게 상처를 입혔다

그리고 나타난 익명의 불청객은
더욱더 선생님과 우릴 괴롭혔다

서로의 의심은 없었지만
귀를 닫고, 눈을 감아 간다

이해가 사라질수록 소문이 생기고
빌 없는 말은 서로 상처입힌다

이런 일과 사건으로 흔들리는 우리는
아직까지는 믿음이 부족한가 보다

의심으로 더럽혀진 선생님의 생일 카드
우리가 하얗게 칠해 드리자

〈불청객〉을 쓴 아이는 대학 진학을 하지 않기로 했다. 그런데 톡톡 튀는 표현이 시선을 사로잡는다. '익명의 불청객'을 설정한 것도 참신하며, '이해가 사라질수록 소문이 생기고 / 발 없는 말은 서로 상처입힌다'와 같은 구절에는 삶에서 체득한 지혜가 담겨 있다.

이처럼 시는 성적과 무관하다. 이 아이는 분명 대학 진학 대신 선택한 자신의 길을 지혜롭게 뚜벅뚜벅 헤쳐 나갈 것이다.

우리 모두 완전하지는 않기에

왜 항상 완벽해지려 할까
모든 사람이 그러하듯
우리는 항상 쓰러져 가도
그 하나를 붙들어 불사르네

실수, 욕망, 다툼, 의심……

알아챈 순간,

모든 인간이 그러하듯,

내면의 악한 마음이 올라오네

우리 모두 사람이지만

함께 감싸 주고 용서해 주며

삶 속에 소망을 빌어 보자

〈우리 모두 완전하지는 않기에〉는 홀로 조용히 책 읽기를 즐기는 아이가 쓴 시다. 이 시는 학급에서 일어난 테러 행위를 개인의 도착적인 폭력으로만 보는 것에 그치지 않고 모두가 스스로의 내면을 돌아보아야 한다고 말한다. 그리고 테러 행위를 '완벽해지려 하는' 인간의 '실수, 욕망, 다툼, 의심'이 빚어낸 결과로 보고 있는데, 그 통찰력이 놀랍다. 선악 대결 구도로 단순하게 가해자에게 비난을 퍼붓는 시들이 많았던 것에 비해, 한 겹 더 깊은 성찰을 보여 주고 있다.

우기(雨期)

빳빳해진 머리칼이

말 없는 우리를 휘감았다

눈물이 되어 자랄 것 같기도
폭우가 되어 번개가 되어 부러져 버릴 것 같기도

깊이 내린 뿌리를 뽑아내는 것 같아
나는 내 작은 세상에 비명을 내질렀다

〈우기(雨期)〉는 자신이 직접 겪은 일이 아님에도 폭력에 대한 고통을 섬세하게 묘사하는 연대감이 돋보인다. 이 시를 쓴 아이는 감성이 풍부하고 공감 능력이 남달라 학급 아이들 모두를 품어 줄 줄 아는 반장이 되었다.

검은 그림자

검은 그림자는 모두에게 존재한다
○○고에도, △△고에도, □□고에도
모든 곳에 자리를 잡고 있다

누군가는 지갑이 없어지고
다른 누군가는 돈을 공갈당하며
선량한 피해자들이 울고 있을 때
검은 그림자에 먹혀 버린 가해자들만

나직하게 숨죽이고 웃고 있네

그럴수록 그럴수록 검은 그림자는
자신의 세력을 확장하네
선량한 피해자들이 먹혀 가네

검은 그림자는 그렇게 웃고 있네
검은 그림자는 물질적인 것을 원하지 않는다네
우리가 슬퍼하고 물들기만을
검은 그림자는 기다리며 즐기고 있네

〈검은 그림자〉를 쓴 아이는 어쩌면 가까이에서 다양한 폭력을 경험했을지도 모른다. 가해자도 되고 피해자도 되어 본 적이 있을 것이다. 구체적으로 과거에 겪었던 일들에 대해 이야기를 나누어 보지는 않았지만 몇 가지 일화만으로도 짐작할 수 있었다. 하지만 함께 한 1년 동안은 달라진 모습을 보여 주었고, 시 속에는 분명 폭력을 부정하고 저항하겠다는 마음이 담겨 있다.

괜찮아요

괜찮아요

이런 일이 있어도
저런 일이 있어도 괜찮아요

상처를 받는 일이 있어도
하나하나 챙겨 주시려는
그 마음 느껴집니다
정성 어린 마음에서
"혹시 내가 실수한 건 없을까?"
생각합니다

괜찮아요
진심이 담긴 선생님의 마음에서도,
아이들의 마음에서도,
"괜찮아요"

〈괜찮아요〉는 짧지만 모두에게 따뜻한 위로를 전하는 시다. 사실 누구보다도 위로를 받은 것은 나일지도 모르겠다. '괜찮아요, 괜찮아요'라는 반복되는 구절을 읽다 보면 마음이 편안해진다.

이처럼 아이들은 시를 통해 '새로운 학급 서사'를 써주었다. 담임과 친구를 걱정하고 자신을 되돌아보았으며 학급에 대해 성찰했다. 그리고 여기에 모두 소개하지는 못했지만, 시를 관통하는 아이들의 공통된 마음은 하루하루 사이좋게 잘 지내고 싶다는 것이었다. 어디로 튈지 몰라 팽팽한 긴장감을 자아내던 교실에서 이 사건이 오히려 아이들의 마음을 하나로 모아 준 것만 같았다.

나는 아이들의 시를 게시판에 붙이고 함께 읽고 나누었다. 수능을 불과 20여 일 앞두고, 입시에 찌든 무채색 교실에서 우리는 이렇게 알록달록 예쁜 이야기를 썼다. 나는 아이들과 시로 교류하면서 '진실한 만남'을 이룬 이 경험이 두고두고 힘이 될 것이라고 직감했다. 그리고 아이들에게도 폭력에 맞서 평화를 회복한 '승리자'의 이야기로 남을 것이다.

'내년에는 어떤 아이들과 어떤 이야기를 시로 나누게 될까?'

이것은 내가 권태로움을 이겨 내는 마법의 질문이 되었다. 이 이야기에서는 위기와 실패가 두렵지 않다. 위기는 언제나 반전의 기회이며, 실패는 이야기를 풍요롭게 하므로. 흥미진진한 소설책 한 권을 뽑아들듯 나는 매년 설레는 마음으로 새 학기를 준비한다.

서로의 마음을
교류하는 시

그런데 왜 시인가? 사실 시를 읽는 이가 우리 주변에 얼마나 될까? 모르긴 해도 많지는 않을 것이다. 그만큼 우리는 시와 멀어져 버렸다. 우리가 시와 멀어지게 된 것은 시가 '자기표현의 수단'이라는 오해 때문이다. 돌아보면 내가 시를 쓰지 않게 된 이유도 그 때문이었다. 학창 시절 나는 남몰래 연습장 가득 시를 끄적이던 문학 소녀였다. 하지만 철이 들고부터는 과거에 내가 쓴 시들이 부끄러워 견딜 수 없었다. 잔뜩 멋 부린 구절과 감정을 배설하는 것 외에는 아무것도 아닌 내용들 때문이었다. 대학에 들어간 이후 연애도 하고 일도 하면서 다양한 경로로 자기표현을 할 수 있게 되면서 더 이상 시를 쓰지 않게 되었다.

하지만 수십 년이 지나 이렇게 다시 시를 썼다. 이번에는 '자기표현의 수단'으로 비밀 노트에 쓴 것이 아니다. 시는 '마음을 전달하는 수단'이 되어 아이들과 공명했고, '교류의 수단'이 되었다. 시의 목표가 표현이 아니라 교류가 된 것이다. 시의 목표가 표현이 될 때는 정확한 표현이 강조되고 자기만족을 위한 것이 되며 소통 없이 멋지게만 표현하는 것에 그칠지 모른다. 하지만 시의 목표가 교류가 될 때는 반드시 정확한 표현에 매달릴 필요가 없다. 타자와 공명하고 교류하면 된다. 우리가 언어를 사용하는 주된 목적이 자기표현이라기보다는 더불어 살아가기 위해 누군가와 협력하고 의논하기 위한 것이라면, 훌륭한 시란 '공감'하는 것이 아닐까?

시가 주는 세 가지 마법

이렇게 시를 교류의 수단으로 삼을 때 시는 진정한 매력을 드러내고 마법을 부린다. 시가 부리는 마법은 세 가지다.

첫째, 자신을 '간접적으로' 드러낼 수 있게 해준다.

사람들이 자신을 드러내기 위해서는 대개 공감적인 인간관계 또는 친밀도가 전제되어야 한다. 이것을 심리학 용어로 '래포(rapport)'라고 하는데, 마음이 서로 통하여 무슨 일이라도 털어놓고 말할 수 있다고 느껴지는 관계를 말한다. 래포 형성과 같은 효과를 시에서도 얻을 수 있다. 시 자체가 갖는 함축성이라는 옷이 있기에 우리는 자신을 드러내면서도 발가벗겨지는 느낌을 피할 수 있다. 예술이 일종의 유희, 즉 놀이라고 할 수 있다면, 시라는 예술은 자신의 속내를 드러낼 수 있는 가장 안전한 놀이인 것이다.

둘째, 시에는 격차가 없다.

만일 시가 아닌 산문을 교류의 수단으로 삼는다면 어떨까? 내용을 제대로 전달하기도 전에 맞춤법이나 문법이 발목을 잡을지도 모른다. 아이들도 산문으로 쓰라고 하면 잘 쓰지 못한다. 하지만 시는 '잘 썼다' '못 썼다' 하는 평가가 무의미하게 된다. 다른 게임이나 놀이는 실력 차이가 쉽게 드러난다. 축구와 같은 운동, 컴퓨터 게임 같은 놀이를 보라. 특히 성적이라는 한 가지 기준으로만 평가되고 인정받는 학교에서 시를 쓰게 되면 공부 잘하는 아이, 못하는 아이라는 차이가 확 줄어들게 되는 효과도 있다.

셋째, 시에는 거짓이 없다.

공자는 시를 '사무사(思無邪)'라 했다. '마음에 간사한 것이 없는 것'이 시라는 뜻이다. 진솔하게 쓰라고 굳이 얘기하지 않아도 시에는 진심이 자연스럽게 드러난다. 거짓 반성문을 그럴듯하게 써내는 아이는 많이 봤지만, 시로 마음을 꾸미는 아이는 보지 못했다. 신기하게도 시를 쓰면 부정적인 감정, 추한 감정조차도 예술적으로 승화된다. 그래서 아이들에게 반성문 대신 답시를 쓰게 하면, 거짓으로 꾸미지 않아도 자신을 진심으로 돌아보는 속마음이 나오게 마련이다. 그리고 또 자신이 산문으로 쓴 반성문을 읽을 때는 수치심을 느끼겠지만, 시를 읽으면 하나의 작품을 창조한 듯 성취감을 느끼게 된다. 성취감은 인격을 고양시켜 준다.

교사 생활 내내 나를 붙잡고 있던 '무능함과 권태'의 늪에서 벗어나게 했던 것은 센 척으로 얻은 권력도, 경력이 쌓일수록 생기는 노련함도 아니었다. 그것은 시가 부리는 마법의 도움을 받아 아이들과 이뤄 낸 진실한 만남이었다. 결국 아이들이 원하는 것은 교사든 부모든 진실한 마음으로 말을 걸어 주는 것이 아닐까.

그런데 여러 가지 이유로 10대 아이들은 세상을 불신하고 어른을 적대시한다. 나 역시 청소년 시절 세상을 흑백으로 바라보았고, 어른은 대개 적으로 보았던 것 같다. 그런 아이들에게 믿음을 주기란 쉽지 않다. 그리고 그런 아이들에게 무언가를 조언하거나 가르친다는 것은 더더욱 어렵다. 그러나 아이들의 마음을 사기 위해 무조건 아이들의 이야기 들어주고 두둔해 주는 것은 진정한 소통이 아니다.

그럴 때 시가 도움이 된다. 시로 말을 건다는 것은 먼저 내 마음을 진실하게 연다는 것이다. 그런데 간혹 아이를 위한 것이라며 조언을 하지만, 자신의 인정욕망을 채우기 위해 아이에게 뭔가를 요구하는 어른이 있다. 나 또한 테러 사건이 일어났을 때 다른 반과 비교하곤 했다. 그리고 왜 우리 반에서만 이런 일이 일어날까, 다른 선생님들이 나를 무능하다고 생각하는 건 아닐까 두려웠다. 하지만 이런 마음은 신기하게도 시를 쓰며 사라졌다. 타인의 시선을 통해 인정받고 싶은 욕망은 가짜 욕망이었고, 평화를 통해 의미를 찾고 싶은 욕망이 진짜 나의 욕망이었나. 가짜 욕망을 품은 채 아이든에게 마음을 열 수는 없다.

아마 시를 한 번도 써본 적 없는 어른이, 남에게 그것도 아이에게 자신이 쓴 시를 보여 준다는 것은 쉬운 일은 아닐 것이다. 하지만 막상 부딪혀 보면 별것 아니다. 멋들어진 표현보다는 마음을 전하는 데 집중하면 된다. 그렇게 용기를 냈다는 사실만으로도 벌써 아이들의 마음으로 향하는 첫 발자국을 뗀 것이다.

함께 생각해 보기 _____

아이들에게 감정을 교류하고 소통하기 위한 시를 직접 써보게 하자. 대상은 누구라도 상관없으며, 자기 자신에게 써도 된다. 시를 한 번도 써본 적이 없어 부담이 될 수 있으니 다음 질문을 따라 써보게 하자. 막연했던 시 쓰기가 좀더 쉽게 다가올 것이다. 순서대로 답을 한 후 그것을 바탕으로 시를 써보고, 제목은 맨 나중에 붙이도록 한다. 가끔 제목을 고민하느라 백지를 붙들고 있는 경우가 있는데, 제목은 시를 다 쓴 후 적당한 것으로 골라 붙이면 된다.

아이들이 기꺼이 시를 쓰도록 하는 가장 좋은 방법은 내가 쓴 시를 보여주는 것이다. '함께 생각해 보기' 활동을 먼저 해보고 시를 쓴 후, 아이들에게 건네며 시를 써보라고 하면 아이들의 마음이 움직일 것이다. 교류하고 소통하는 시를 쓰기 위해서는 그 방법도 '교류'가 되어야 하지 않을까.

마음을 교류하는 시 쓰기

0. 시를 쓰기 전에 먼저 긴장을 풀고 다음 글귀를 소리 내어 세 번 읽는다.
"시는 대화처럼 마음을 전하는 도구다. 나는 시를 쓸 수 있다."

1. 눈을 감고 최근 강렬한 감정을 느꼈거나 마음에 오래 남았던 장면을 떠
올려 본다. 그것은 말인가, 행동인가, 특정한 사건인가? 아니면 세 가지
모두인가? 떠오르는 대로 적어 보자. 이때 떠오르는 대화나 말을 그대로
시에 넣어도 된다. 시가 대화체여도 상관없다.
예) 본문에도 썼듯이 나는 학급 테러 사건 때문에 시를 쓰게 되었다. 그
리고 "선생님은 우리 반을 싫어하시나?"라고 누군가가 지나치듯 한 말
이 그 사건과 연결되면서 머릿속을 맴돌았기에 시에 그대로 담았다.

----

2. 위의 일을 겪었을 때 어떤 감정을 느꼈는가? 당시 느꼈던 감정을 생각나
는 대로 나열해 보자.
예) 학급 테러 사건이 일어났을 때 내가 느낀 감정은 무력감, 절망감, 좌
절감 등이었다.

---

3. 위에 나열한 감정 중 가장 핵심적인 것을 몇 가지 골라 적절하게 비유해
보자. 굳이 비유를 활용하는 이유는 자신의 감정을 정확히 아는 것이 생
각보다 어렵기 때문이다. 자신의 감정을 진짜 모르는 경우도 있고, 모든
것을 '짜증이 난다'고 말해 버리는 것처럼 섬세하게 나눌 수 없는 경우도
있다. 또 느껴지는 감정을 뭐라 표현하기가 어렵거나 감정을 숨기고 싶
은 경우도 있을 것이다. 이럴 때 비유를 사용한다면 이런 문제들을 보다
쉽게 해결할 수 있다. 그리고 직설적인 표현보다 비유로 마음을 전할 때
한결 부드러워지며 상대도 비유로 답하게 되어 있다. 비유가 어렵다면
'물, 불, 바람, 땅(흙), 쇠(바위, 보석)'라는 자연물을 떠올려 보고 어울리는
것을 찾아 시에 활용해 본다.

예) 나는 본문에서 '심장에 박힌 돌덩어리 하나를 꺼내는 심정'으로 시를
썼다고 '쇠(돌)'를 이용해서 감정을 토로했다. 그리고 시에는 '검은 페이
지로 칠해진 생일 카드'에 절망감을 비유했다. 책장을 넘기다 검게 칠해
진 페이지를 만난 것처럼, 어찌할 바를 모른 채 막막하고 깜깜한 심정이
었다.

감정   –   비유 대상

(   ) – (   )

(   ) – (   )

(   ) – (   )

(   ) – (   )

4. 누구에게 이 마음(감정)을 전하고 싶은가? 자기 자신에게 전해도 된다.

예) 나는 학급 아이들 모두에게 마음을 전했다.

5. 시에 어떤 내용을 꼭 담고 싶은가? 어떤 생각(의견, 가치)을 전하고 싶은가?

예) 나는 우선 피해자 아이가 느꼈을 고통을 생생하게 전달해 모두가 공감하게 하고 싶었다. 그리고 이 사건이 단순히 개인적인 문제가 아니라 모두에게 영향을 미치고 있으며, 함께 책임감을 느끼고 고민해야 할 문제라는 것을 설득하고 싶었다. 즉 연대감과 평화라는 가치를 전하고 싶었다.

6. 위의 질문들을 바탕으로 시를 써보자. 시를 다 쓴 후 적절한 제목을 붙여보자.

예) 조금 부끄럽지만 고백하자면 '검은 페이지로 칠해진 생일 카드'는 동정심을 유발하고자 붙인 제목이다. '하필이면 생일날 이런 일을 당하다니!' 하는 극적인 효과를 내고 싶었다. 나중에 아이들이 모두 모여 '뒤늦은' 생일 파티를 해주어, 속이 빤히 들여다보인 것 같아 더 부끄러웠다.

하지만 깜짝 파티를 몰래 준비하는 일 자체가 아이들에게는 추억이 되었던 것 같다. 그것이 또 나에게는 최고의 선물이었다. 이렇게 제목도 마음을 전하는 수단으로 삼을 수 있다.

----

7. 시를 쓴 후의 소감을 적어 보자.

예) 처음에는 쓸 수 없을 거라 생각했는데, 시를 쓰고 나니 뿌듯했다.

4장

옳을 수도 틀릴 수도 있는 가설

연역적 방법

'올해는 어떤 아이들을 만나게 될까?'

매년 새 학기가 시작되는 3월이면 교실에 설렘과 긴장감이 흐른다. 선생님들은 기대 반, 걱정 반으로 아이들을 만난다. 그런데 가끔은 이상 행동을 보이는 아이를 만날 때가 있다. 그럴 때는 당황스럽고 걱정이 앞선다.

'도대체 저 아이는 왜 저러는 것일까?'

그러면서 한편으로는 아이가 왜 그렇게 행동하는지 알고 싶어 한다. 마치 부모가 아이를 키우다 이상 행동을 보이면 다른 부모에게 물어보거나 인터넷을 찾거나 하며 '대체 우리 아이가 왜 이럴까?' 하듯 말이다. 선생님들도 마찬가지다. 이상 행동을 보이는 아이가 있으면 그 아이를 어떻게 지도해야 할지 다른 선생님에게 물어보기도 하고, 책을 보기도 하면서 이런저런 방법을 시도해 본다. 그 방법들 중 하나라도 잘 통하면 다행인데 그렇지 않으면 힘이 든다. 그러다 포기해 버릴 수도 있고 스스로 타협할 수도 있다. 심하면 무기력해지거나 우울해지기도 한다.

요즘은 서점에 가면 아이들의 행동에 대해 조언을 해주는 책들이 많다. 하지만 그 방법들이 내 아이, 내가 대하는 학생에게 잘 맞는지는 의문이다. 그리고 아이들의 행동을 분석하는 수준을 넘어 과연 좋은 방향으로 이끌 수 있을지도 알 수 없다. 아이가 정말로 이상 행동을 보인다면 어떻게 해서든 좋은 쪽으로 이끌어야 한다. 그것은 말로만 한다고 되는 것도 아니고, 정말 내가 할 수 있는 것이어야 한다.

어떤 사람은 본능적으로 다른 사람의 마음을 잘 알아차린다. 하지만 아쉽게도 나에게는 그런 능력이 없다. 어떤 사람은 경험이 중요하며, 그 경험으로 다른 사람의 마음을 알 수 있다고도 한다. 하지만 그것도 썩 내 마음에 드는 방법은 아니다. 나는 논리적으로 분석하고 따지기를 좋아하는 편이다. 아이들을 대할 때도 마찬가지다. 어떠한 이유로 내가 관심을 가지고 지켜봐야 하는 아이가 있다면, 곧잘 논리적으로 분석하고 따져서 대책을 세우곤 한다.

투명인간
민아

어느 해 3월 첫 주였다. 학생들은 비교적 조용했고, 담임인 내 말도 잘 들었다. 학생들도 아직 선생님을 파악하지 못했고, 자기들끼리도 아직 친한 친구들이 생기기 전이니 튀는 행동은 자제하는 것 같았다.

3월 첫 주가 정신없이 지나갔다. 그 짧다면 짧고 길다면 긴 시간 동안 가장 눈에 띄는 한 아이가 있었다. 교실 구석 자리에 말없이 조용히 앉아 있는 아이였다. 그런데 그 아이가 쉬는 시간을 보내는 모습이 인상적이었다. 아이는 시선은 앞쪽 벽 어딘가를 뚫어져라 바라보고 손은 책 위에 올린 채 의자에 얌전히 앉아 있었다. 그리고 그 상태로 몇 분간 움직이지 않았다. 손가락도 눈동자도 움직이지 않았다.

쉬는 시간이면 보통 교실은 아이들의 활기로 가득 찬다. 아이들은 잠시도 가만있지 않고 여기저기 돌아다니며 떠들어 대거나 옆자리 친구와 이야기를 나눈다. 그렇게 모두가 생생하게 살아 움직이는 공간 속에서 유독 그 아이만 정지 화면처럼 고정되어 있었다. 그런 그 아이의 모습은 조용하고 얌전하다기보다는 왠지 모르게 섬뜩하게 다가왔다.

정지 상태로 대답 없는 아이

나는 종례를 마치고 그 아이, 민아를 불렀다.

"민아야, 오늘은 선생님과 상담하는 날이야. 상담실로 같이 갈까?"

민아는 느린 걸음으로 나를 뒤따라왔다. 얼마나 걸었을까, 아이가 잘 따라오는지 보려고 고개를 돌렸는데 보이지 않았다. 나는 당황해서 교실로 되돌아가서 아이를 찾았지만 어디에도 없었다.

다음 날 점심시간, 나는 민아를 다시 불러 상담실로 데려갔다. 이번에는 민아 옆에 딱 붙어서 보조를 맞추며 천천히 걸었다. 상담실에 도착하자 민아는 나를 마주 보고 앉는 게 아니라 옆모습을 보인 채로 앉았다. 그러고는 내가 아닌 다른 곳을 바라보았다. 교실에서처럼 손가락도 눈동자도 움직이지 않은 채로 말이다.

'저 아이는 대체 지금 무슨 생각을 하는 걸까?'

나는 민아한테 무슨 말이라도 시켜야 할 것 같았다.

"민아야, 사탕 줄까? 다른 친구들도 사탕 먹으면서 선생님과 얘기했어."

민아는 여전히 움직이지 않았다. 그렇게 몇 초가 흘렀을까. 드디어 민아가 고개를 떨구어 내 손에 들린 사탕에 관심을 보였다. 그러나 사탕을 받지는 않았다.

"새 학기인데 지낼 만해? 민아가 지금 무슨 생각하는지 선생님한테 말해 줄 수 있어?"

민아는 천천히 손을 뻗어 사탕을 잡았다.

나는 사탕을 건네면서 다시 말을 시켰다.

"학교 올 때 버스를 타니?"

"……."

아이는 말이 없었다. 나는 다른 질문을 했다.

"아침밥은 먹고 와?"

"……."

어떤 질문을 던져도 민아는 묵묵부답이었다. 내가 민아에게 일반적인 상담은 어려운 게 아닐까 생각하는 순간, 아이가 가져간 사탕을 다시 돌려주었다.

결국 그날 민아와의 상담을 접어야 했다.

"민아야, 오늘은 여기까지 하고 다음에 또 얘기하자?"

민아는 천천히 일어나 상담실 밖으로 나갔다. 그런 아이의 뒷모습을 보며 나는 복도가 이렇게 어두웠나 하는 생각이 들었다. 그리고 새삼 캄캄한 복도에서 민아가 팔을 흔들지 않고 조심스레 발만 이용해 걸어 가고 있다는 것을 깨달았다. 마치 양손에 무거운 짐을 들고 있는 것 같았다.

도대체 어디서부터 어떻게 시작해야 할까?

그날 민아를 대하고 나는 더욱 불안해졌다. 아이에게 사고가 날 것만 같았다. 학교폭력을 견디다 못해 자살하거나 우울증으로 자살한 아이들의 이야기도 떠올랐다. 만약 우리 학급에서 큰 사고가 난다면 그건 아마도 민아가 아닐까 하는 조바심마저 들었다. 나는 민아를 더욱 주의 깊게 관찰했다.

아이들은 민아를 '투명인간'이라고 불렀다. 아무도 민아에게 신경 쓰지 않았다. 민아에게 말을 거는 아이도 없었고, 민아 스스로도 먼저 말을 걸지 않았다. 그렇게 지내 온 지 꽤 오래된 듯 보였고, 민아는 스스로

그러한 상황을 받아들이는 것 같았다. 어쩌면 민아는 투명인간이라는 자신의 역할에서 벗어나는 것은 위험한 일이고, 어떻게 될지 모른다는 생각에 사로잡혔던 것도 같다. 그만큼 세상이 두려웠을지도 모른다.

'도대체 어디서부터 어떻게 시작해야 할까?'

논리적으로 어떤 현상에 대한 원인을 알아내는 방법은 크게 두 가지다. 바로 연역법과 귀납법이다. 연역법은 먼저 반드시 옳은 법칙을 세우고 그 법칙에 따라 논리를 전개하는 것이다. 예를 들면 모든 사람은 죽는다, 따라서 너도 죽는다, 이것이 연역법이다. 귀납법은 많은 사례를 조사한 후 결론을 내리는 것이다. 2천 명에게 대통령 후보를 물어보니 아무개가 가장 유력했다, 따라서 아무개가 대통령이 될 가능성이 가장 높다, 이것이 귀납법이다.

그런데 학교에서 만나는 내 눈앞의 아이는 연역법도 귀납법도 사용하기 어렵다. 나는 그 아이의 유전적인 면, 가족, 친구, 자라온 환경, 그 아이에게만 강렬했을 어떤 기억 등을 모른다. 그래서 그 아이에 대해 반드시 옳은 법칙을 세울 수 없다. 또 내 눈앞의 아이는 딱 한 명이기에 귀납법을 사용할 수도 없다. 내가 무슨 대단한 연구원이어서 비슷한 사례를 수천 건 만난다면 모르지만 내가 만난 아이는 10년에 한 번 만날까말까 한 아이다.

이렇게 절대로 옳은 명제를 세울 수도 없고, 비슷한 사례를 많이 만날 수도 없을 때 사용하는 방법이 있다. 바로 가설 연역적 방법인데, 먼저 옳을 수도 있고 틀릴 수도 있는 가설을 세운다. 그리고 그 가설이 맞는 지 틀린지를 반복해서 검증한다. 만약 가설에 맞지 않는 부분이 생기면 그러한 부분까지 설명할 수 있도록 가설을 수정한다. 즉 가설을 세우고 그 가설이 틀렸음을 증명하는 방법이다.

왜 이런 복잡한 방법을 사용하느냐면, 학교에서 아이들을 대상으로 실험을 할 수는 없기 때문이다. 예상하지 못한 이상한 행동을 하는 아이를 보았는데 이 아이가 사람이라 실험을 할 수가 없다. 그러니까 '애는 이런 아이일 거야' 하고 가설을 세우고 좀 관찰해 본다. 그리고 내가 예상했던 것과 다르면 '아닌가 보다! 그럼 이건가?' 하며 가설을 수정한다.

가설 연역적 방법이 조금 어려워 보이기는 하지만 큰 장점 한 가지가 있다. 바로 시도하는 사람의 마음을 편하게 해준다는 것이다. 교육은 실천일 수밖에 없다. 내가 뭘 하든 또는 하지 않든 그 자체가 어떤 실천이다. 교사는 아이에게 무엇인가 행동할 수밖에 없고 그것이 잘 안 되면 힘들어진다. 그러나 가설이라고 생각하고 실천하면 틀리는 것에 대한 부담감이 줄어든다. 무기력과 우울이 오지 않으며, 오히려 흥미롭게 새로운 시도를 해볼 수 있다.

아이는 부모나 교사가 자신을 어떻게 규정하고 있는지 안다. 이상 행동을 하는 아이에 대한 설명 중에는 '그 아이는 원래 그래' '과거에 무슨 잘못을 했겠지' 등이 있다. 그런데 문제는 아이도 선생님이 자신을 어떻게 규정하고 있는지 안다는 것이다. 왜냐하면 주변에서 다들 그런 얘기를 하기 때문이다. 사회성이 부족하다거나 어떤 사건의 피해자라는 등의 말을 하는 것이다. 그럼 아이는 자신의 속마음을 이야기할까? 그럴 때는 이렇게 접근해 보는 건 어떨까. 아이와 만날 때, '선생님은 너를 잘 몰라. 그래서 이런 가설을 가지고 너를 만나 볼 거야. 사실 너도 널 잘 모르잖아. 그렇지 않아? 같이 해보니까 이건 아닌 것 같네. 다음엔 다른 걸 시도해 보자'라고 하면서 잘못된 지식을 하나하나 없애면서 새로운 가능성을 탐색해 가는 것이다. 그러다 보면 관계가 좀더 가까워질 수 있을 것이다.

어떤 자살 시도자가 자살 전화를 받는 곳에 전화를 했다. 상담자가 이야기를 오래 들어주었고, 그 사람은 결국 자살을 하지 않았다. 상담자는 자신이 매뉴얼대로 해서 그가 자살을 하지 않았다고 생각했다. 그런데 나중에 자살 시도자의 이야기를 들어 보니, 상담자가 자신을 그 늦은 시간까지 자살하지 말라고 붙잡아 주는 것이 고마워서 죽을 수가 없었다고 한다. 매뉴얼 때문이 아니었다. 가설 연역적 방법이 좋은 점은 가설이 맞으면 좋은 것이고, 틀리면 틀리는 대로 계속 관심을 가지고 시도하기 쉽다는 것이다. 계속 새로운 시도를 한다는 것이다. 그것은 다른 말로 하면 끝까지 아이를 포기하지 않는다는 것이다.

가설 1. 민아는 원래 어눌해서 놀림거리가 되기 쉬웠고, 결국 학교폭력의 피해 후유증으로 심각한 고립아가 되었다.

처음에는 민아와의 관계를 어떻게 풀어 가야 할지 막막했다. 일단 정보를 수집하는 것이 우선이라 생각하고 민아를 잘 아는 사람들과 이야기를 해보기로 했다.

민아의 어머니는 2년 전 불미스러운 일이 있었다고 했다. 당시 민아를 때리고 돈을 빼앗은 학생들이 있었으며, 그 학생들은 다른 학교로 전학을 갔다고 했다. 아이는 그 일 이후 정신과 치료를 받았고, 지금도 그때 친구들이 자신에게 왜 그랬는지 궁금해한다고 했다. 어머니는 그때 일은 이미 오래전이니 어쩔 수 없고, 지금이라도 아이를 돌보아 줄 수 있는 마음 넓은 친구가 있었으면 좋겠다고 말했다.

학교 상담 선생님은 민아에 대해 잘 알고 있었다. 선생님은 민아의 행동이 좋아질 때도 있고 나빠질 때도 있는데, 지금이 가장 나빠 보인다고 했다. 그래도 민아와는 약간의 대화가 가능했다. 민아는 상담 선생님의 말에는 짧게나마 대답을 했던 것이다.

작년 민아의 담임선생님과도 이야기를 해보았다. 그 선생님은 민아가 말을 잘 안 해서 다른 친구들이 접근하기도, 자신이 지도하기도 어려웠다고 했다. 그리고 말을 잘 안 할 뿐만 아니라 말을 해도 발음이 어눌해서 무슨 소린지 알아듣기 힘들었다고 했다. 학습 수준도 뒤떨어진다고 했다. 그래서 지적으로 문제가 있는 것이 아닌가 하는 생각이 들었다고 했다.

누군가 돌봐 주어야 한다

'민아는 누군가 돌봐 주어야 한다.'

나는 이런 결론에 이르고 2주가량 아이를 관찰했다. 민아는 대화하는 친구가 거의 없었고, 점심 급식도 먹지 않았다. 나는 민아에게 지적으로 문제가 있든 없든 돌봐 줄 친구가 있어야 한다고 생각했다.

나는 먼저 반장을 불러서 민아와 점심을 같이 먹어 줄 수 있겠느냐고 물었다.

"네, 그럴게요."

반장은 흔쾌히 그렇게 하겠다고 했다.

"그럼 언제까지 데리고 다닐 수 있을까?"

"제가 반장인 1학기 동안 데리고 다닐게요."

반장은 자신이 반장이고 담임의 첫 부탁이니 들어주어야 한다고 생각하는 듯했다. 나는 생각보다 일이 쉽게 풀리겠다는 생각을 했다.

나는 반장이 민아를 잘 데리고 다니는지 살펴보았다. 반장은 2주 정도 민아를 잘 데리고 다녔을 뿐만 아니라, 같이 어울리는 친구 그룹에도 끼워 주었다.

그런데 하루는 급식실에서 반장이 친구들과 함께 줄을 서 있는 것을 보았는데, 민아가 보이지 않았다. 나는 반장에게 물었다.

"민아는 어디 있니?"

"민아요? 아…… 잊고 있었어요."

반장은 민아를 데리러 부리나케 교실로 달려갔다.

그 뒤 두 번 정도 반장은 민아를 챙기는 걸 잊었다. 한번은 반장 그룹에 없어서 찾으러 갔더니 민아가 식당으로 가는 계단 중간에 가만히 서 있었다. 다른 아이들은 빨리 급식 줄을 서려고 서두르는데, 민아는 계단 중간에서 한 손으로 난간을 잡은 채 우두커니 서 있었던 것이다. 아무것도 없는 계단의 정면을 바라보고 있는 민아의 모습은 상당히 인상적이었다.

나는 반장이 아닌 아이들에게도 민아를 부탁해 보았다. 비교적 착해 보이는 아이들이었다. 그러나 아이들은 바쁘다고 하거나 어울리는 친구들이 있어서 어렵다고 했다. 심지어 두려워하는 아이도 있었다. 민아라는 이름을 듣자마자 눈빛이 흔들렸다. 나는 민아와 함께 밥을 먹는 일이 다른 아이들에게 힘들고 괴로운 일이 될 수 있음을 느꼈다.

나는 간신히 또 다른 아이에게 부탁을 했다. 그런데 한 달쯤 지나 그 아이가 나를 찾아왔다.

"샘, 민아와 밥 먹는 것 이제 못할 것 같아요."

"왜 그런지 이유를 말해 줄래?"

"음, 그러니까……."

아이는 쉽게 말문을 열지 못했다. 한참을 우물쭈물하더니 말했다.

"애들이 저보고 같이 밥 먹을 애가 없으니까 민아랑 먹는 것 아니냐고 해서요."

그 아이가 내 부탁으로 민아와 밥 먹는 것을 모르는 아이들이 왕따끼리 어울린다고 소문을 낸 모양이었다. 나는 그 아이에게 이제 그 일을 그만두라고 했다.

두어 달의 시간이 흘렀다. 나는 민아를 부탁할 아이를 찾지 못했지만 시간이 약인지 민아는 조금씩 좋아지기 시작했다. 더욱이 반장이 다시 민아와 함께 밥을 먹고 체육시간에도 데리고 다녔다. 갑자기 반장이 왜 민아를 돌보기 시작했는지 궁금했지만 좋은 게 좋은 거라고 그냥 넘어갔다.

수학여행을 갈 때 버스에서 학생들이 누구랑 짝을 하는지는 담임으로서 신경 쓰이는 부분이다. 수학여행 등의 행사에서는 학생들의 인간관계가 적나라하게 드러나고 누가 누구와 친한지, 누가 센 아이이고 왕따인지가 눈에 보인다. 다행히 수학여행에서 민아의 옆자리에는 반장이 앉았다.

그러고 보니 반장의 친구 그룹에도 변화가 있었다. 반장이 공부에 집중하면서 같이 어울리던 그룹에서 벗어났고, 그러면서 담임의 부탁도 있었으니 겸사겸사 민아를 돌보게 된 듯했다. 이후 학기 초에 민아를 돌보았던 아이도 다시 어울리기 시작했다. 그렇게 세 아이는 곧잘 어울려 다녔다. 그 아이들 덕분인지 민아는 학기 초에 비해 훨씬 말수가 늘었다. 물론 말이 어눌해서 대화를 하려면 "뭐?"라고 자주 물어야 했지만 말이다. 어머니도 민아의 변화를 느끼고 고맙다는 말을 여러 번 했다.

나는 짧지 않은 교직 생활에서 만난 '가장 대하기 어려웠던 학생'을 한 학기 만에 이 정도 풀어낸 것에 스스로 만족했다. 민아는 도움이 필요한 학생이지만 이제는 도와줄 친구가 두 명이나 있다. 나는 이제 민아에게 관심을 덜 주어도 된다고 생각했다.

과거의 일을 묻지 말아 주세요

그러던 어느 날 서류 처리를 하던 중 학생들의 개인 정보가 필요한 일이 있었다. 학생들의 간단한 정보는 3월에 담임에게 기초 상담 자료라고 적어서 제출하는데, 문득 민아의 자료를 다시 읽어 보고 싶어졌다.

상담 자료에는 '담임에게 하고 싶은 말'이라는 부분이 있는데, 민아가 담임에게 하고 싶은 말에는 이렇게 적혀 있었다.

'과거의 일을 묻지 말아 주세요.'

나는 민아가 과거 학교폭력의 피해자임을 알고 있었지만, 그 구체적인 내용은 잘 몰랐고 민아가 묻지 말라고 했으니 물어본 적이 없었다. 아마 학기 초에 민아에게 물었어도 대답을 듣지 못했을 것이다. 나는 민아가 어느 정도 안정이 되었다고 느껴지자 과거 일이 궁금해졌다. 그래서 당시 담임선생님에게 민아가 겪은 일에 대해 물어보았다.

그 선생님에 따르면 그때까지만 해도 민아는 말도 그럭저럭 잘하고 친구와도 잘 어울렸으며, 교사의 특별한 보호 관심이 필요할 만큼 문제가 있는 학생도 아니었다. 그런데 같이 어울리던 친구들 중에서 한 아이가 민아를 따돌리는 일이 일어났다. 그때까지만 해도 선생님은 아이들이 그 문제를 스스로 해결할 수 있을 것이라 믿고 잘 타일렀다고 한다.

그런데 일부 학생들이 민아의 돈을 빼앗고 때렸는데, 민아의 어머니가 그 사실을 알게 되어 학교폭력 대책 자치위원회가 열리게 되었고, 결국 가해 학생들은 다른 학교로 전학을 가게 되었다. 가해 학생 그룹에서는 전학을 간 학생들도 있고 그 정도가 약해 아직 우리 학교에 남아 있는 학생도 있었는데, 민아와 같은 학급에 배정하지는 않았다고 했다.

나는 민아와 같은 반이었던 학생들에게도 이야기를 들어 보았다. 민아는 말이 어눌하긴 했지만 그 정도가 지금보다는 매우 양호했다고 한다. 또 그럭저럭 말도 잘 했고, 친구들도 있었다고 한다. 그러나 폭력 사건 이후 민아는 다른 아이들과 말을 하지 않게 되었고, 지금처럼 변하게 되었다고 했다.

침묵은 민아의
유일한 선택

가설 2. 민아가 혼자 된 것은 구조적인 것이며, 침묵은 민아의 유일한 선택이
었다.

나는 민아의 어머니를 비롯하여 여러 선생님들과 학생들에게서 들은
이야기를 바탕으로 과거의 사건을 재구성해 보았다.

아마도 민아의 어머니는 학교에서 돌아온 딸에게서 평소와 다른 점을
느꼈을 것이다. 말수가 줄어들고 얼굴 표정도 좋지 않았을 것이다. 딸
에게 무슨 일인가 있음을 직감하고 무슨 일이냐고 추궁했을 것이다. 민
아는 폭력 사건을 털어놓았을 것이고, 어머니는 분노해서 교육청에 신
고했을 것이다.

민아의 담임선생님은 교육청에 신고가 되었다는 소식에 깜짝 놀라 아

이들에게 캐물었을 것이고, 자초지종을 듣고는 아연실색했을 것이다. 이제 담임이 혼자 해결할 수 있는 수위를 넘었다. 학교폭력 대책 자치위원회의 이름 아래 교사, 학부모, 경찰이 모였다. 위원회의 여러 어른들은 관련된 모든 학생과 부모들의 이야기를 들어 본 후 판결을 내렸다. 이렇게 해서 가해 학생들은 전학을 가게 되었다.

민아의 같은 반 아이들에게 가해 학생들이 민아를 괴롭힌 것이 걸렸다는 소문이 돈다. 어른들이 모였고 큰일 날지 모른다는 소문이 퍼진다. 그리고 몇몇 친구들이 강제로 전학을 간다. 이제 민아는 건드려서는 안 되는 존재다.

그렇게 사건은 마무리되었다. 그런데 민아는 자신이 맞고 괴롭힘을 당한 이유를 알지 못한다. 주변 친구들은 자신을 투명인간 취급을 한다. 그 사건은 모두가 알고 있지만 아무도 입 밖으로 꺼내지 않는다. 학교에서 민아는 말할 친구가 없어서 가만있거나 엎드려 잔다. 그렇게 하루하루 시간이 흐른다.

영향력을 미치는 학생의 압박은 지나치지 못한다

아이들에게 물어보니 민아는 폭력 사건 이전에 이미 학급 내에서 전반적으로 따돌림을 당하고 있었다. 그러한 상황에서 가해 학생들이 민아를 괴롭힌 것이다. 그 아이들이 너무 센 아이들이라서 다른 아이들이 민아가 당하는 걸 보고도 두려워서 침묵한 것인지, 그들만의 문제라 생각하고 학급 전체가 무시하고 방관한 것인지, 아니면 학급 전체가 따돌림을 공유하고 즐긴 것인지 구분해야 했다. 누가 동조하고 뒤에서 조종했는지 알아야 했다. 무엇이 원인이 되었고 어떻게 전개되었는지 그 과정에 대한 조사가 이루어져야 했다.

사건 이후 민아는 고립되었다. 그 원인을 생각해 보면 우선 '민아를 건드리면 전학 갈 수 있다'는 인식이 아이들 사이에 퍼져 나갔을 수 있다. 2년의 시간이 흐른 지금도 '민아'라는 이름만 꺼내도 두려워하는 아이들이 있다. 그 아이들에게 민아는 건드리면 안 되는 폭탄 같은 존재일 것이다.

또한 괴롭힘이 계속 이어졌다고도 볼 수 있다. 가해 학생들 모두가 전학을 간 것은 아니기 때문이다. 아직 학교에 남아 있는 아이들이 민아를 교묘하게 괴롭힐 방법은 많다. 째려보기, 말 안 걸기, 뒤에서 수군거리기 등은 물론이고, 말 거는 아이를 째려보거나 흉보는 것으로 다른 학생들을 차단할 수도 있다. 학교라는 갇힌 공간에서는 영향력 있는 학생의 실력 행사에 다수의 보통 학생들이 영향을 받을 수밖에 없다. 어쩌면 사건 이후로도 누군가 민아를 꾸준히 고립시켰는지도 모른다. 학생들은 자신들의 친구들을 전학 보낸 민아를 내부 고발자라고 생각했을 수도 있다. 어른들의 세계에서도 내부 고발자는 따돌림을 당하기 쉽다.

일부 가해 학생들은 전학을 갔지만 학급의 구조적인 문제는 해결되지 않았다. 학급의 다른 아이들이 아무도 말을 걸지 않는다. 이런 상황에서 민아가 취할 수 있는 태도는 어떤 것일까? 입 다물고 자는 것 이외의 선택지가 없었을 것이다. 오히려 자신으로 인해 가해 학생들이 전학을 갔고, 다른 학생들이 자신을 경계하는 동안 입을 다물고 있는 것은 매우 효과적인 대처 방안이었을 것이다. 이러한 상황에서 친구들끼리 친하게 지내라는 담임선생님의 당부는 그저 허공을 맴돌다 흩어지는 의미 없는 말이었을 것이다. 그러는 동안 민아는 서서히 투명인간이 되었을 것이다.

가해자들에게 먼저 화해를 요청한 민아

시간이 흘러 졸업을 앞둔 12월이 되었다. 민아에게 붙여 준 두 아이는 끝까지 민아를 돌봐 주었다. 밥을 먹을 때는 물론 체육시간에도 번갈아 가며 챙겼다. 두 아이 이외에 다른 아이들도 민아를 받아들여 주었고, 수학여행 때는 민아도 엉성하긴 했지만 반 아이들과 함께 춤을 추었다. 그렇게 1년을 지내는 동안 민아는 말수가 점점 늘었다. 나는 민아의 말수가 느는 과정이 하나의 재활운동처럼 느껴졌다. 다리가 부러져 오랫동안 병실 생활을 해서 다리 근육이 줄어든 사람이 다시 잘 걷기 위해서는 재활운동이 필요한 것처럼 민아도 그렇게 재활하듯 천천히 말수가 늘었다.

11월 무렵에는 다른 반에서도 함께 어울리는 친구가 생겼다. 그 친구도 자기 반에서는 말수가 적고 조용히 지내는 편이었는데, 둘이 비슷한 점이 많아서인지 잘 어울렸다. 그렇게 민아는 3월에 비해 많이 좋아졌고, 별다른 일 없이 한 해가 마무리되어 갔다.

하루는 상담 선생님이 눈을 동그랗게 뜨고 물었다.

"샘이 시켰어요?"

"뭘요?"

"민아가 편지를 썼어요. 샘이 시킨 것 아니에요?"

나는 민아가 상담 선생님에게 편지를 쓸 수도 있지 뭘 그런 것을 가지고 이리 야단인가 싶었다.

"아뇨, 그런 적 없는데요. 민아가 샘한테 편지를 썼어요?"

"제가 아니라 가해 학생에게 편지를 썼대요!"

"……."

나는 당황스럽기도 하고 머릿속이 복잡해지기도 해서 아무런 말도 할 수 없었다.

민아는 왜 가해 학생에게 편지를 썼을까?

나는 민아를 불러 자초지종을 들었다. 민아에 따르면, 성탄절은 화해와 용서의 주간이라고 한다. 그래서 자신을 때렸던 학생에게 화해와 용서를 전하는 편지를 썼다고 했다. 그러고는 편지지에 옮겨 쓰기 전에 썼던 글을 보여 주었다.

글을 읽고 난 후 민아와 더 이야기를 나누었다. 민아는 이제 과거 사건에 대해 다른 학생들과 이야기하고 털어 내고 싶다고 말했다. 아이는 이제 과거 이야기를 할 준비가 된 듯했다. 그리고 나에게도 마음의 문을 조금이나마 연 것 같았다. 아무도 꺼내지 않는, 오래전에 묻힌 사건을 민아는 이야기하고 졸업하고 싶었던 모양이다.

가설 3. 민아는 과거의 상처가 있지만 화해를 하고 싶어 한다.

민아는 우리 반의 가영이와 나영이, 그리고 다른 반의 희영이라는 아이와 대화를 하고 싶다고 했다. 희영이는 가해자 그룹에 속해 있던 아이였다. 나는 민아에게 왜 그 아이들과 대화를 하고 싶은지를 물었다.

민아가 대답했다.

"가영이랑 나영이가 저를 파티에 초대한 적이 있었는데, 그 이유를 알고 싶어서요."

나는 가영이와 나영이를 불러서 민아가 대화를 나누고 싶어 한다는 말을 전했다. 그리고 2년 전 파티에 왜 민아를 초대했는지를 물었다. 아이들은 오래전이라 생각이 나지 않지만 최대한 기억해 보려고 노력했다. 아이들이 기억을 못하자 결국 민아를 불러 어떤 상황이었는지 자세히 설명해 달라고 했다.

민아의 설명에 나영이는 조금씩 기억해 냈다.

"아~ 가영이의 생일 때였던 것 같아요. 교실 한쪽에서 생일 케이크를 놓고 축하를 해주다가 민아를 불렀을 거예요."

"그래? 민아를 왜 초대했을까?"

"음…… 그냥 교실에서 가영이 생일 파티를 하는데 보이니까 이리와~ 그러지 않았을까요?"

나영이의 말에 따르면 가영이의 생일 파티를 하다가 민아를 발견하고 끼워 주었던 모양이다.

민아는 또 질문을 했다.

"그때 마지막 기회라는 말을 했는데 그게 무슨 뜻인지 알고 싶어요."

그러나 가영이와 나영이는 그런 말을 했다는 사실조차 기억하지 못했다.

서프라이즈 같은 몰래카메라이길!

나는 민아가 궁금해하는 데는 나름대로 이유가 있을 것이라고 생각했다.

"마지막 기회라는 말을 알고 싶은 이유가 있니? 넌 '마지막 기회'라는 말이 무슨 뜻이었을 것이라고 생각해?"

민아는 두서없이 말을 했다. 나는 민아의 말을 종합해 보았다.

"그러니까 그 파티가 민아를 위한 서프라이즈 파티라고 생각했구나."

"네."

"마지막 기회라는 말은 어떤 뜻이었을 거라고 생각했어?"

"음…… 몰래카메라 같은 거요."

"다른 아이들이 네게 몰래카메라를 한다고 생각했니?"

"네."

"왜 그렇게 생각했어?"

"그러니까 애들이 저한테 했던 것들이 몰래카메라일 수도 있다고 생각해서요."

"……."

민아는 아이들로부터 왕따와 폭력을 당했는데, 그것이 진짜 왕따나 폭력이 아니고 몰래카메라일 수 있다고 생각했던 것이다. 그리고 아이들이 몰래카메라의 '마지막 기회'로 서프라이즈 파티를 계획했다고 믿었다. 착각인지 오해인지 현실 부정인지는 모르겠지만, 민아는 다른 아이들이 '민아야, 모든 것은 장난이었어. 사실 몰래카메라야'라고 하길 바랐던 것 같다.

나는 잠시 당황했고, 옆에 있던 가영이와 나영이도 민아가 그런 생각까지 했다는 사실에 미안했는지 말이 없었다.

나는 가영이와 나영이에게 민아를 안아 주라고 한 뒤 대화를 이어 갔다. 대화 도중 한 가지 재미있는 사건이 있었는데, 가영이가 어떤 남학

생과 사귀다 헤어진 후 민아가 그 남학생과 사귀었다는 것이다. 가영이
는 자신의 전 남친과 민아가 사귀었다는 사실에 깜짝 놀라며 정말 사귀
었는지 물었고, 민아는 그렇다고 대답했다. 그렇게 민아는 다른 학생들
에게는 잊혀졌던 이야기를 하나씩 꺼냈다.

오해에서 비롯된 따돌림

가설 4. 민아의 따돌림은 오해에서 비롯되었다.

민아는 다른 반인 희영이와도 이야기를 나누고 싶다고 했다. 희영이는 가해 그룹에 속해 있던 아이였다. 민아에게 왜 희영이와 이야기를 나누고 싶은지를 묻자 그 아이가 왜 자신을 따돌렸는지 알고 싶어서라고 했다.

나는 상담실로 민아와 희영이를 불렀다. 그러고는 희영이에게 민아가 자신이 따돌림을 당한 이유에 대해 궁금해한다고 말했다.

"그때 가영이가 어떤 남학생과 사귀고 있었어요. 그런데 민아가 그 남학생과 연락을 했어요. 그 사실을 알게 된 애들이 민아에게 그 남학생이랑 연락하느냐고 물었어요. 그런데 민아는 연락 안 한다고 했어요.

민아 너 그때 걔랑 연락했지?"

희영이의 질문에 민아가 대답했다.

"처음엔 사귈 생각 없이 그냥 연락했는데 애들이 물어보니까 사실이 아니라고 했어요."

"그 남자애가 가영이와 깨진 뒤 민아랑 사귀는 거예요. 그럼 민아가 거짓말한 거잖아요. 그래서 애들이 몰려가서 사과하라고 했어요. 그랬더니 막 이상한 말만 하고 사과를 안 하는 거예요. 그땐 저희가 사춘기라서 의리를 중요하게 생각했던 것 같아요."

나는 민아에게 다른 아이들이 이렇게 생각하는 걸 알았는지 물었고, 민아는 잘 몰랐다고 말했다.

"처음에는 안 사귀려고 했는데 애들이 물어보니까…… 연락 안 한다고 했고, 나중에는 가영이랑 깨진 다음에 사귄 거니까…… 딱히 내가 잘못했다고 생각하지 않았어요."

나는 1년 만에 퍼즐의 마지막 조각을 찾은 느낌이 들었다. 문제의 발단은 삼각관계였다. 가영이가 사귀던 남학생과 민아가 사귀고 다른 아이들은 민아에게 그런 행동에 대해 사과하길 요구했지만 민아는 사과하지 않았다. 민아는 지금도 그게 잘못된 행동이라고 생각하지 않는다고 했다. 민아는 대화 기술이 부족하니 다른 아이들에게 자신의 생각을 잘 전달하지 못했고, 아이들은 사과는 안 하고 다른 말만 하는 민아에게 분노했을 것이다. 결국 아이들은 민아를 따돌렸고, 그러한 분위기에서 폭력으로까지 이어졌으리라.

청소년들의 이성관계를 어떻게 보아야 할까? 아이들은 사귀는 사이끼리 50일, 100일 등 기념일을 챙기고 등하교를 함께 하며, 방과 후나 주말에 데이트를 즐긴다. SNS 등에는 연애에 대한 기록이 빼곡히 적혀 있다. 여학생들끼리의 진실게임의 주 내용은 남친이며, 누가 누구에게 고백을 했는지, 누가 누구를 좋아하는지가 큰 화제가 된다. 그렇게 사귀다가 깨지기라도 하면 큰 상처를 받는다. 겉보기에는 여느 어른들의 연애와 비슷하다.

그러나 청소년의 이성관계는 어른과는 조금 다른 점이 있다. 청소년기는 친구로부터 인정을 받고 무리로부터 소속감을 느낄 때 행복을 느끼는 시기다. 또한 그들은 학교에 다니고 매일 같은 반 아이들을 봐야 한다. 그래서 그들의 연애는 둘만의 관계로 보기 어렵다. 교내 연애는 주변 아이들의 큰 관심의 대상이 된다. 남학생들은 장난으로 놀리는 경우가 많고 여학생이 남친으로부터 받은 선물은 자랑의 대상이 된다. 연애가 둘 사이의 문제를 넘어 친구 그룹의 공동 문제가 된다.

그래서 민아의 문제에 대한 희영이의 설명을 듣자 쉽게 납득이 갔다. 가영이의 남친을 민아가 사귀었다면, 이것은 가영이와 민아만의 문제가 아니었을 것이다. 만약 가영이가 질투라도 했다면 그 질투심은 쉽게 그룹 내 아이들에게 전파되었을 것이다.

민아는 희영이나 다른 가해 그룹의 아이들이 자신의 삼각관계에 대해 이러한 생각을 갖고 있는지 몰랐다고 했다. 또한 희영이는 그때 자신들이 왜 그런 생각을 했는지 모르겠다고 하고, 설령 그런 생각을 했더라도 친구를 따돌리면 안 되었는데 미안했다며 사과했다. 민아는 희영이의 사과를 받아들이고 앞으로 잘 지내자고 했다.

그렇게 민아는 자신도 몰랐던 학교폭력의 원인을 알게 되었고 늦었지만 화해도 했다. 그렇게 대화는 훈훈하게 마무리되었다.

며칠 후 겨울방학이 되었고 2월이 되자 아이들은 모두 졸업했다. 민아는 1년 동안 상당히 나아진 모습을 보였고 공부를 잘하진 않지만 이 정도면 고등학교에서도 잘 적응할 것 같았다. 학교폭력의 원인을 몰래카메라로 생각하던 아이가 스스로 용서의 편지를 쓰고 화해의 대화 자리를 마련했다. 이 정도면 훌륭하다고 생각했다. 이후의 일은 그 아이의 몫일 것이다.

화해는 진실을 다 포함하지 않았는지도

나는 아이들이 모두 졸업한 후 민아의 일을 뒤돌아보았다. 민아가 학기 초에 비해 많이 달라진 모습으로 졸업을 하는 것을 보고 담임으로서 보람을 느꼈다. 민아를 끝까지 돌봐 준 아이들에게도 고마운 생각이 들었다. 그 아이들이 없었다면 민아는 그렇게 좋아지지 않았을 것이다. 그리고 아이들의 삼각관계가 이런 문제를 일으킬 수도 있구나 하는 생각이 들었다.

그러다 문득 뒤통수를 뭔가로 얻어맞은 것 같았다. 가영이는 분명 민아가 전 남친과 사귀는 것을 몰랐다고 했다. 내가 가영이, 나영이, 민아를 불러서 이야기할 때에야 처음 알았다고 했다. 그러면서 놀라서 펄쩍 뛰기까지 했다. 그런데 희영이는 민아가 가영이의 전 남친과 사귀는 것 때문에 반 아이들이 민아를 따돌렸다고 했다. 친구의 남자친구를 뺏는 행위는 나쁘다고 생각했고 그래서 따돌렸다고 말했다. 그것이 그때는 나름대로의 정의라고 생각했다고 말했다.

그런데 삼각관계의 당사자가 모르는 일을 가지고 왕따를 시켰다? 만약 민아가 왕따를 당한 이유가 가영이의 전 남친과 사귀어서라면 가영이가 왕따 사건의 중심에 있어야 했다. 가영이는 민아가 자신의 전 남친과 사귀는 사실을 알고 질투를 하고, 다른 아이들을 조종했어야 했다.

그런데 정작 당사자인 가영이는 둘이 사귀는 것도 몰랐다니? 희영이가 말한 민아를 왕따시킨 이유가 민아가 가영이의 남친을 빼앗았기 때문이라는 것은 핑계에 불과하고, 진짜로 따돌린 이유는 다른 데 있지 않았을까 하는 의심이 들었다. 처음부터 민아가 가영이의 전 남친과 사귄 것은 가영이도 모르는 일이었고 학급에서 별로 중요한 일도 아니었는데, 가해 학생 그룹에서 민아를 괴롭히기 위한 명분으로 삼았던 것은 아니었을까? 만약 그것이 따돌림의 원인도 아니고 가해 그룹이 세운 명분이고 핑계라면, 민아가 따돌림을 당한 진짜 이유는 민아도 나도 모르는 것이 되어 버린다. 머리가 아파 왔다. 나는 도대체 무슨 화해의 대화 자리를 마련한 것일까?

이제 아이들은 모두 졸업했고 물어볼 사람도 없다. 물어본다고 진실을 알려 줄 것 같지도 않다. 나는 민아의 사건을 잘못 해석했고, 민아는 지금도 자신이 학교폭력을 당한 진짜 이유를 모를 것이다. 어쩌면 민아가 과거 폭력의 가해자였던 학생에게 편지를 쓴 이유는 진실을 알고 싶었기 때문인지도 모르겠다. 얼굴도 모르는 그 가해 학생에게 민아와의 일을 묻고 싶어진다.

스스로 문제를
해결할 수 있는 아이

가설 5. 민아는 스스로 문제를 해결할 만한 용기가 있다.

민아의 문제를 대하는 나의 관점은 단계적인 변화를 거쳐 왔다. 처음에는 민아를 기질적인 문제가 있는 학생으로 보았다. 그래서 센 아이들에게 쉽게 피해를 보았고 그 결과 심하게 고립되었을 것으로 생각했다. 그 후 민아의 기질적인 문제에 대해 의구심을 갖게 되었다. 친구가 생기자 점점 나아지는 모습이 문제의 핵심은 기질이 아니라 친구관계가 아닌가 생각했다. 그리고 희영이와 민아의 대화 이후에는 아이들 간의 삼각관계, 사랑과 우정, 정의가 복합적으로 작용해 오해로 인한 갈등이라고 판단했다. 그러나 희영이의 말에 의심이 들자, 민아가 학교폭력을 당했던 진짜 이유를 알 수 없게 되었고 진실을 알려는 노력이 부족했음을 느꼈다.

투명인간처럼 보이는 학급 내의 고립아, 아니 불안해하거나 이상 행동을 보이는 모든 아이를 대하는 시작은 위로인 것 같다. 한 해 동안 민아에게는 함께 밥을 먹어 주고 옆자리에 앉아 준 친구가 있었다. 비록 처음에는 담임인 나의 부탁 때문이었고 민아도 그 사실을 알고 있었지만, 곧 그 친구들에게 마음의 문을 열고 어울리게 되었다. 말수도 점점 늘었다. 민아도 과거의 일을 이야기하는 데 친구들이 힘이 되었다고 말한 적이 있다. 또한 민아의 사건에 대한 화해와 조정을 위한 자리에 내가 함께 해준 것도 민아에게는 위로가 되었을 것이다. 진실을 밝히는 과정은 그 자체만으로도 피해자에게 큰 위로가 된다. 함께할 친구와 진실을 밝혀 주는 교사가 있었기에 민아는 더 이상 교실 속의 투명인간이 아니었을 것이다.

나는 졸업을 앞둔 연말 즈음에 우리 반 아이들에게 '내가 생각하는 나'라는 주제로 간단한 글을 써보라고 했다. 1년 동안 내가 판단하고 지켜봐 왔던 모습과 아이들이 스스로 생각하는 모습이 얼마나 차이가 있는지 궁금했기 때문이다. 그리고 민아가 스스로를 어떻게 생각하는지도 궁금했다.

'조용한 아이, 말없는 아이……'

민아는 자신을 이렇게 표현하지 않을까 생각했다.

그러나 내 예상은 빗나갔다.

'힘든 일을 두려워하지 않고 해결할 수 있는 용기 있는 아이.'

민아는 유독 용기라는 단어에 힘을 주며 자랑스럽게 말했다. 민아가 스스로 과거 사건의 원인을 묻고 용서의 편지, 화해의 대화를 요청하기까지는 큰 용기가 필요했던 모양이다. 그리고 용기를 낸 스스로의 모습이 자랑스러웠던 것 같다.

　처음부터 민아는 스스로 문제를 해결할 수 있는 용기 있는 아이였는지 모른다. 만약 내가 처음부터 민아를 스스로 문제를 해결할 수 있는 용기 있는 아이로 대하며 함께 문제를 풀어 갔다면 그 아이와 함께한 1년은 또 다른 이야기로 채워지지 않았을까.

아이가 평소와 다른 행동을 보인다. 아니면 이상한 행동을 보이는 아이를 만났다. 우선은 당황스러운 마음을 떨쳐 버리고 가설 연역적 방법을 적용해 볼 것을 추천한다. 가설 연역적 방법은 옳을 수도 있고 틀릴 수도 있다. 그래도 여러 정보를 수집해서 그 아이가 왜 그러한 행동을 보이는지에 대한 하나의 가설을 세워 보자. 내가 세운 가설이 옳을 수도 있고 틀릴 수도 있다. 가설을 세우는 목적은 가설이 틀렸다는 것을 검증하기 위해서다. 혼자 또는 아이와 함께 가설을 차근차근 검증해 보자.

1. 무엇을 알고 싶을까? 함께 고민할 점을 찾아보자.

2. 정보 찾기 : 여러분에게 숙제를 하나 내겠다. 숙제니까 열심히 해보길! 그런데 어려울지도 모르니까 하나의 팁을 준다면 숙제를 해결하기 위해 서는 정보 검색부터 해야 한다는 사실. 우선 다른 친구들에게서 정보를 얻어 보자.

( )로부터 얻은 정보

( )로부터 얻은 정보

3. 가설 만들기 : 여러 친구들에게 얻은 정보에 따르면, 너는 ( )한

아이구나. 그런데 그것이 진짜일까? 너는 어떻게 생각해? 선생님은 너를
(   )한 아이라고 가설을 세워 보았어. 물론 틀릴 수도 있지. 가설
을 세우는 이유는 그 가설이 맞는지 틀리는지 확인하기 위해서야. 이제
그 가설이 맞는지 함께 알아보자.

4. 학급 관계도 작성하기 : 민아의 예에서 보듯이 또래 아이들과 관련되어
있을 가능성이 높아. 청소년기는 또래의 압력에 민감한 시기이므로 원인
을 또래에서 찾는 것은 좋은 방법이야. 학급의 소규모 집단과 그들 간의
관계를 알아보자. 어쩌면 미처 깨닫지 못했던 진실이 밝혀질 수도 있어.

예)

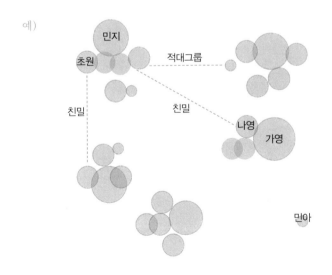

----

5. 새로운 환경에서 보이는 반응을 통해 가설 검증하기 : 우리는 '너는
( )한 아이'라고 가설을 세웠어. 검증해 봐야겠지? 검증을 하려
면 뭔가를 해봐야겠지. 선생님이 너에게 생소한 역할이나 지위를 부여해
볼게. 일단 해보면서 그때의 감정이나 반응을 이야기해 보자.

----

6. 진실을 찾기 위한 회의 : 어느 정도 정보도 얻었고, 가설을 만들고 검증
해 보기도 했어. 이제 여러 아이들에게 확인을 해보는 것도 좋을 것 같
아. 과거를 어느 정도 알고 있는 아이들과 함께 우리의 가설이 맞는지 확
인해 보자.

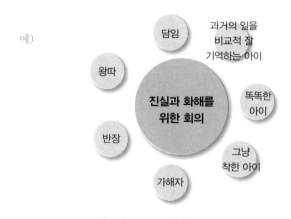

예)

담임
과거의 일을
비교적 잘
기억하는 아이

왕따

진실과 화해를
위한 회의

똑똑한
아이

반장

그냥
착한 아이

가해자

---

7. 과거 사건에 대한 여러 아이들의 진술 확보하기 : 과거에 어떤 사건이
   있었다면 그것에 대한 여러 아이들의 진술을 확보하고 그것을 분석하여
   또 다른 진실과 가설을 찾을 수도 있겠지.

(   )일에 대한 (   )의 진술 :

(   )일에 대한 (   )의 진술 :

(   )일에 대한 (   )의 진술 :

5장

아이들의
진짜 마음,
가짜 마음

아이들은 툭하면 학교 가기 싫다고 말한다. 그렇기 때문에 '학교 가기 싫다는 말'을 부모님이나 선생님은 아이들이 으레 하는 말쯤으로 받아들인다. 그런데 어느 날 아이가 이런 말을 한다면 이야기는 달라진다.

"엄마, 나 자퇴할래."

이건 아이가 그냥 하는 말이 아니다. "학교 가기 싫다"가 아니라 "자퇴하고 싶다"라는 표현은 분명 학교를 그만두겠다는 강력한 의지가 담긴 말이다. 중도 탈락을 뜻한다. 더욱이 이런 구체적인 이유까지 이야기한다면 아이의 결심은 이미 굳어진 것이다.

"친구들이 자꾸 나를 괴롭혀서 학교 다니기 힘들어. 이러다 죽을 수도 있을 것 같아."

아이의 말을 듣고 부모의 마음은 어떨까? 당황스러워서 어떻게 해야할지 모를 것이다. 그건 선생님도 마찬가지다.

'이 아이는 왜 자퇴를 하려는 걸까? 자퇴를 하려는 이유가 진짜 학교폭력 때문일까? 내가 이 아이에게 어떤 도움을 줄 수 있을까?'

마음속으로 이런 질문을 던지면서도 가슴은 답답하기 그지없다.

그런데 매년 학교를 중도 탈락하는 아이들이 늘어나고 있다. 학교를 그만두고 싶은 명확한 이유가 있는 아이도 있지만, 별 이유 없이 학교를 그만두고 싶다고 말하는 아이도 있다. 아이가 부모와 함께 학교에 찾아와서 자퇴하고 싶다는 의사를 비쳤을 때는 이미 가정에서는 이 문제에 대해 논의할 만큼 했다는 뜻이다.

아이가 자퇴하겠다고 했을 때 처음부터 동의하는 부모는 없을 것이다. 부모가 아이에게 설득당하는 중요한 포인트는 더 극한의 상황이 벌어질까 봐 두려워서다.

'이러다 죽을 수도 있을 것 같아!'

아이의 이 한마디는 부모가 설득당할 수밖에 없는 결정적인 말이다. 나도 선생님이기 이전에 두 아이의 엄마로서 그때 부모의 심정이 어떨지 충분히 공감이 간다. 부모와 아이 간의 이런 심리전을 알기에 자퇴를 하겠다고 찾아오는 아이와 부모를 보면, 가정에서 벌였을 설전이 가히 짐작이 된다.

그런데 잘 생각해 봐야 할 문제가 있다. 아이가 자퇴하겠다는 이유에 대해서다. 아이가 말하는 자퇴의 이유가 아이의 진짜 마음일까 하는 것이다. 그 이면에는 아이가 말하지 못하는 진짜 이유가 따로 있는 경우가 많다. 아이의 부모나 학교 선생님이나 과연 이런 아이의 속내를 알 수 있는 사람이 얼마나 될까? 어쩌면 아이조차도 자신이 진짜 학교를 그만두고 싶은 이유가 무엇인지 모를 수 있다. 아이의 진짜 마음이 무엇인지 알아낼 수 있어야 한다.

학교를 그만두고 싶은 아이들

어느 날 윤영이가 자퇴를 하겠다며 찾아왔다.

윤영이가 자퇴를 하고 싶어 하는 이유는 학교폭력 때문이었다. 윤영이는 어머니와 함께 자퇴원을 쓰기 위해 교무실에 들어왔다. 어머니의 표정은 침울하고 어두워서 인사를 나누는 것조차 조심스러웠다. 그래도 간단히 인사를 나눈 후 대화를 시작했다.

나는 어떻게든 어머니를 설득하려 애쓰며 다소 무거운 마음으로 말을 꺼냈다.

"아이의 자퇴에 대한 생각에는 변화가 없으신지요? 저는 여전히 자퇴를 말리고 싶습니다만……."

사건이 일어난 것은 지난주 금요일이었다. 윤영이가 와서 3교시 쉬는 시간에 있었던 일을 들려주었다. 윤영이가 친구와 함께 복도에서 이야기를 나누고 있는데, 아이들 3명이 윤영이를 째려보고 욕을 하고 지나 갔다고 했다.

나는 사건 경위를 자세히 확인하기 위해 윤영이와 관련 아이들에게 종례 후에 남으라고 했다. 그러나 윤영이는 그런 친구들과는 더 이상 대화를 하고 싶지 않다며 수업이 끝나자마자 집으로 갔다. 할 수 없이 나머지 아이들과 이야기를 했는데, 윤영이와는 전혀 다른 말을 했다.

윤영이가 친구와 함께 있는 건 봤지만, 자신들은 윤영이를 째려보지 도 않았고 욕도 하지 않았다는 것이다. 아이들이 입을 맞춰 대답하지 않을까 염려해서 종례 후에 관련 아이들 셋을 남으라고 해서 한자리에 서 3교시 쉬는 시간에 있었던 일에 대해 이야기하도록 한 것이다. 그런 데 아이들의 대답은 모두 같았다. 같은 상황에 대해 서로 다른 진술을 한다는 것은 둘 중 하나는 거짓말을 한다는 의미였다.

나는 아이들에게 들은 이야기를 윤영이 어머니에게 전달했다. 혹시 서운해하실까 봐 단서도 달았다.

"어머니께서 서운하게 들으실지 모르겠으나 저는 양쪽의 입장을 다 들어 봐야 하는 입장이라서요. 이해해 주세요."

여기에 대해 어머니는 담담하게 대답했다.

"그 학생들과 윤영이 말이 다를 수밖에 없겠죠."

윤영이 어머니 말씀으로는 그 아이들은 이미 말을 맞추었다는 것이고, 자퇴하려고 하는 마당에 윤영이가 거짓말을 할 리가 없다는 것이었다.

"우리 아이는 거짓말을 하지 않습니다. 그동안 얼마나 힘들었으면 친구한테 죽고 싶다는 이야기를 했겠어요? 저는 그 이야기를 듣고 더 고민하지 않았습니다."

어머니는 설령 윤영이가 그 아이들과의 관계가 회복된다고 해도 한계가 있을 것이라고 했다. 더 괴롭히려 하지는 않겠지만, 더 친해지려는 노력도 하지 않을 거라는 의견이었다. 한번 잘못된 관계를 회복하기 위해서는 서로가 많이 노력해야 하는데, 그 아이들이 애써 노력하지 않을 거라는 말에는 어느 정도 수긍이 가는 면도 있었다. 그러나 한 아이가 학교를 계속 다니느냐 중도 탈락하느냐의 중차대한 문제 앞에서 나는 진심으로 어머니를 설득하는 걸 멈출 수가 없었다. 나는 다시 진심을 다해 말했다.

"그 아이들과 이야기를 나누었는데, 아이들도 윤영이랑 같이 이야기를 나눠 보고 싶어 합니다. 윤영이와 다시 잘 지내기 위해 노력하겠다고 하고요."

그러니 너무 단정적으로 생각하지 마시길 간곡히 부탁드리며, 윤영이의 자퇴 문제를 다시 생각해 볼 것을 권유했다. 사실 아이들끼리 있었던 일이 그리 오래된 것이 아니라서 서로 충분히 이야기를 나누면 아이들의 관계도 옛날처럼 회복될 수 있을 것 같았다. 불편한 관계가 오래되었다면 관계 회복을 하는 데도 그만큼 시간이 걸린다. 하지만 이 일은 그리 오래되지도 않았고, 당사자들이 서로 이야기를 나누려는 의지도 있어서 중간에서 조정만 잘하면 관계가 금세 회복될 것 같았다.

그러자 어머니는 곰곰이 생각하더니 윤영이한테 학교를 더 다녀 보면 어떻겠느냐고 달랬다. 하지만 아이는 막무가내였다. 너무도 단호했다. 어머니는 윤영이가 "죽고 싶다"라고 말하는 걸 듣고 아이의 결정대로 따르겠다고 마음을 굳혔다고 한다. 급기야 어머니는 나한테 결정적인 질문을 했다.

"아이의 죽고 싶다는 한마디가 모든 걸 말해 준다고 생각합니다. 만약 아이가 계속 학교를 다니다가 무슨 일이라도 생기면 선생님이 책임질 수 있으세요?"

그건 내가 책임질 수 있는 일이 아니었기에 못한다고 했다. 그랬더니 조용히 자퇴원을 내밀었다. 내가 할 수 있는 말은 이게 다였다.

"2주간의 자퇴 숙려 기간이 있습니다. 그동안 상담기관에서 제공하는 상담을 받으시면 출석으로 처리되니 좀더 생각해 보시고 다시 말씀해 주세요."

자퇴원에 기록된 윤영이의 자퇴 이유는 '학교폭력'이었다. 자퇴원을 작성하고 교무실을 나가면서 어머니는 울먹였다. 막상 자퇴원을 보니 현실이 믿어지지가 않는 듯했다. 어머니의 마지막 말이 지금도 귓전을 맴돈다.

"그 아이들한테 꼭 전해 주세요. 그들 때문에 우리 아이가 자퇴하게 되었다고요. 그리고 다시는 우리 아이 같은 피해자가 나오지 않았으면 좋겠습니다."

이 일은 나에게 많은 것을 생각하게 했다. 난 왜 자퇴 사유를 학교폭력이라고 쓰는 데도 아무 말도 못했을까? 정말 그 아이들이 자퇴 학생을 집단 따돌림을 했고 그 정도가 심했을까? 누가 가해자이고 누가 피해자일까? 진실은 무엇일까? 자퇴를 하는 이유가 진짜 학교폭력일까? 이대로 이 사건은 마무리되는 걸까? 시간이 흐를수록 이대로 끝내서는 안 된다는 생각이 들었다.

자퇴 사유가 학교폭력인 자퇴원 결재는 이루어지지 않았다. 자퇴의 이유가 진짜 학교폭력이라면, 학교 쪽에서 이 사안을 정식으로 조사해야 하는 입장이라는 것을 윤영이 어머니에게 말씀드렸다. 그러나 윤영이 어머니는 이미 자퇴원을 작성했고, 아이도 학교폭력 사안을 조사받기 위해 학교에 다시 오고 싶어 하지 않는다고 딱 잘라 말했다. 그래서 자퇴 이유를 진로 변경으로 바꿔서 자퇴원을 제출하겠다고 했고, 결국 그렇게 해서 자퇴원 결재를 받았다.

자퇴의 진짜 이유는 무엇일까?

담임으로서 자퇴에 대한 행정 처리를 했으나 여전히 가슴 한 켠이 답답했다. 그래서 동료 선생님들에게 이 상황을 어떻게 해석하고 마무리 지어야 하는지에 대한 조언을 구했다.

여러 선생님들과 윤영이의 자퇴와 관련한 내용을 이야기해 보고 내린 결론은 다음과 같다. 윤영이와 친구들 사이에 오해가 생겼으며, 이로 인해 갈등이 깊어지는 상황이 되었다. 그런데 윤영이는 갈등이 본인이 원하는 대로 해결되지 않자 불안해했고, 관련 친구들이 본인만 집단으로 따돌린다고 확대 해석을 한 것 같다. 또한 집단 따돌림을 당한다고 생각하자 더 이상 상황이 좋아지지 않을 거라고 극단적으로 생각하고, 자퇴라는 무리한 결정을 내린 것 같다.

여러 선생님들과 윤영이의 자퇴 이유를 찾아보았지만 여전히 진짜 이유를 찾지 못했고, 윤영이와 진지한 대화를 나눠 보지 못한 것에 대한 아쉬움이 있었다.

그러던 차에 윤영이가 자퇴원을 쓰고 이틀 후에 자퇴 사유를 수정하기 위해 학교에 왔다. 기회는 이때다 싶어 윤영이에게 그 아이들과 대화를 나눠 보자고 제안했다. 그랬더니 흔쾌히 그러자고 해서 자리를 마련했다. 두 시간이 넘게 대화가 진행되었다.

아이들과 대화를 나눈 후에 든 생각은 윤영이는 자퇴를 하겠다는 목적을 이루려고, 자신에게 있었던 일을 자신의 목적에 맞게 해석해서 어머니에게 말하지 않았을까 하는 것이다. 친구들과의 관계가 멀어진 것은 스스로 왕따를 자처할 수 있는 좋은 상황이었고, 그것을 학교폭력으로 비약시켜서 부모를 쉽게 설득할 수 있었을 것이다. 그제야 윤영이가 자퇴를 한 진짜 이유가 학교폭력이 아닐 수도 있겠다는 생각이 들었다.

윤영이는 2주간의 숙려 기간을 거쳐 자퇴 처리가 되었다. 그리고 숙려 기간 동안 윤영이를 상담했던 선생님으로부터 상담 결과를 받을 수 있었다. 상담 선생님이 적어 준 자퇴 이유는 다음과 같았다.

- 원하는 대학을 가기 위해 내신을 잘 받으려고 선택한 학교였는데, 기대와 달리 내신을 잘 받을 수 없을 것 같은 불안감이 많았다.
- 그러던 중에 친구와의 갈등이 더해져 자퇴를 결심하게 되었다.

자신들도 모르는
아이들의 진짜 마음 알기

아이들이 학교에 가기 싫어하고, 나아가서 자퇴까지 하고 싶어 하는 이유를 잘 찾아보면 아주 사소한 것이 발단이 되는 경우가 많다. 그런데 아이 자신은 물론 선생님이나 부모도 무엇 때문에 일이 '자퇴'에 이를 때까지 커졌는지를 파악하지 못하고, 윤영이처럼 자칫 진짜 자퇴를 하는 상황에까지 이르기도 한다.

윤영이의 경우도 정작 자퇴를 주장하는 윤영이 본인조차 자신의 진짜 마음을 모르고 있었고, 부모나 선생님, 주위 친구들도 그 아이의 진짜 마음을 모르는 채 "자퇴를 하겠다"고 주장하는 윤영이를 말리려고만 했다. 윤영이가 내세운 자퇴의 이유는 '학교폭력'이었다. 그 문제가 해결이 된다면 윤영이는 학교를 굳이 그만두지 않아도 된다. 그런데도 윤영이는 학교폭력을 해결하려는 의지가 없었고, 부모도 선생님도 학교폭력이라는 덫에 걸려 더 이상 다른 원인은 찾아보려 하지 않았다. 어쩌면 선생님인 나 또한 우리 반에서 학교폭력이 일어났다는데도 그 사실을 모르고 있었다는 자책감에 움찔했는지도 모른다. 더욱이 그 문제로 한 학생이 자퇴까지 하자 선생님으로서의 자괴감이 더 컸는지도 모른다. 이 사건을 둘러싸고 아무도 자신의 진짜 마음을 들여다보려고 하지 않았다는 게 더 맞는 말이다.

자퇴를 하고 싶어 하는 아이들은 왜 자신이 자퇴를 하고 싶은지 그 이유를 알까? 대부분의 아이들은 자신이 왜 자퇴하고 싶은지 정확한 이유를 모른 채 현실도피를 위해 자퇴를 선택하는 경우가 많은 것 같다.

그렇다면 자퇴를 하겠다는 아이의 부모나 선생님은 이런 아이들에게 어떤 도움을 줘야 할까? 무작정 자퇴하지 말라고 할 수도, 그렇다고 자퇴하도록 안내할 수도 없는 난감한 상황에 처하게 되는 것 같다. "자꾸 왜 그래?" "그냥 학교 다녀! 이게 다 너를 위해서야"라는 말로 달래거나 우격다짐으로 밀어붙이는 경우도 있다.

사실 자퇴하겠다는 학생만큼이나 부모와 선생님도 이런 상황이 난감하긴 마찬가지다. 무엇이든 선택할 수 있고, 마음먹기에 따라 무엇이든 될 수 있는 10대라는 나이, 그 가능성을 알기에 더더욱 섣불리 이래라저래라 딱 부러지게 대답하지 못하는 것이다.

자퇴를 하는 네 가지 이유

그렇다면 아이들은 왜 자퇴를 하고 싶어 할까? 그 진짜 마음은 무엇일까? 아이들마다 상황은 다르지만 그 심리는 크게 다르지 않다. 우선 통계청에서 발표한 '자퇴의 이유'에 대한 자료를 보면(206쪽 참조), 10대 아이들의 심리 상태를 더욱 잘 파악할 수 있을 것이다. 아이들의 마음 상태를 잘 파악하고 있으면 어떤 상황이 되더라도 잘 대처할 수 있다. 이것이 아이들이 잘 자랄 수 있게 도움을 줄 의무가 있는 어른, 특히 부모나 선생님의 역할일 것이다.

청소년기에 만나는 선택의 기로는 인생의 첫 번째 관문이자 앞으로 남은 인생에 중대한 영향을 미칠 수 있는 결정이기도 하다. 그런 만큼 더더욱 중대한 결정을 내리기 전에 아이 스스로는 물론 부모와 선생님도 아이로 하여금 진짜 마음이 무엇인지를 잘 들여다보고 결정하게 해야 한다. 자퇴뿐만 아니라 유학이나 진로를 변경하는 것도 중차대한 문제다. 어떤 결정에서 무엇보다 중요한 것은 자신의 진짜 마음이다. 진짜 마음에 따라 결정한 선택이라면 웬만한 난관에도 꿋꿋하게 버텨 낼 수 있는 힘이 있다.

다음 자료에 따르면 아이들이 자퇴를 하는 주된 이유는 학교 성적이 좋지 않고, 공부하기 싫고, 학교가 답답하기 때문이다. 이 자료를 바탕으로 선생님들과의 연구모임에서 토론한 결과 학생들의 자퇴 이유를 다음 네 가지로 나누어 볼 수 있었다.

응답자 유형별(1)	응답자 유형별(2)	2014						
		괴롭힘을 당해서	성적이 좋지 않아서	선생님이 불공평한 대우를 해서	가정이 경제적으로 어려워서	공부가 하기 싫어서	학교 규율이 엄격하고 자유롭지 않아서	기타
전체	소계	5.6	72.9	16.4	5.9	86.6	42.7	34.7
성별	남자	5.7	72.1	16.0	6.1	86.8	44.6	33.9
	여자	5.5	73.6	16.7	5.7	86.3	40.8	35.4
학교 유형별	초등학교	21.0	60.4	20.1	5.4	79.8	33.4	35.0
	중학교	4.5	72.6	15.9	4.3	91.3	44.2	33.3
	일반/특목/자율고	1.8	79.2	15.2	6.7	85.8	42.4	34.9
	특성화고	3.6	61.0	18.0	8.8	84.3	55.2	38.1
지역 규모별	대도시	5.4	71.6	15.3	6.0	86.7	43.2	33.2
	중소도시	6.0	73.5	17.5	5.3	86.3	42.7	34.5
	읍면지역	4.9	74.7	15.7	8.0	86.8	41.2	40.2
가족 유형별	양부모 가정	5.5	72.7	16.2	5.3	87.2	42.5	34.7
	한부모가정	5.9	75.4	18.8	10.6	79.7	42.2	37.9
	조손가정	0.0	65.8	16.1	20.2	70.0	70.0	11.3
	기타	13.6	75.4	12.0	20.5	83.2	48.9	23.0
학업 성적별	상	7.5	53.9	19.6	5.8	83.3	45.7	39.2
	중	5.8	74.1	15.8	5.2	86.3	42.0	35.2
	하	4.6	80.9	15.5	6.5	88.3	41.6	32.6
경제적 수준별	상	6.8	69.0	17.6	1.4	87.8	43.3	35.4
	중	4.1	74.3	15.4	2.8	86.7	46.2	34.1
	하	6.2	76.5	16.3	18.0	84.3	35.6	35.2

한국청소년정책연구원, 아동청소년인권실태조사 2015년 12월 갱신자료, 통계청

첫 번째, 뚜렷한 목표와 진로 및 전략이 있는 경우

두 번째, 학대를 받는 등 가정환경이 좋지 않은 경우

세 번째, 학교 밖의 인간관계에서 더 인정받고 소속감을 느끼는 경우

네 번째, 도피성 자퇴의 경우

첫 번째, 뚜렷한 목표와 진로 및 전략이 있는 경우다.

특성화 고등학교에 다닌다면 고등학교 2학년쯤 되어서 전공과목을 배우던 중 자신의 진로와 맞지 않는다고 판단해서 그만두기도 한다. 또 인문계 고등학교에 다니는 학생도 자신의 진로에 대한 확신이 있으면 진로에 집중해서 시간을 투자하고자 자퇴를 선택하기도 한다.

몇 년 전에 만난 한 여학생은 고등학교 1학년 1학기를 마치기 전에 자퇴를 했다. 그 이유는 분명했다. 대학 진학을 빨리 하고 싶어서였다. 고등학교 검정고시 후에 입시학원을 다니면서 입시 공부에 집중해서 또래 친구들보다 대학을 1년 먼저 들어가고 싶다는 것이었다. 그런 다음 전공과 관련해서 유학을 갈 계획이라고 했다. 물론 부모님과도 중학교 3학년 때부터 이런 문제로 대화를 나눴다고 했다. 자퇴를 하고자 하는 본인의 생각과 부모님의 의사가 분명해서 더 이상 자퇴를 말릴 수가 없었다. 자퇴 이후에 본인이 계획한 대로 일이 잘 이루어지길 응원해 줬다.

두 번째, 학대를 받는 등 가정환경이 좋지 않은 아이라면 선생님이나 주변에서 미리 눈치를 채야 한다. 학대받는다고 사실대로 말하는 아이

도 있지만, 은연중에 신호만 보내고 직접 말하지 않는 아이가 더 많다. 또한 가정 형편이 어려워 더 이상 교육을 받을 수 없는 환경이라서 어쩔 수 없이 자퇴를 선택할 수밖에 없는 경우에는 교사가 적극적으로 나서서 도와야 한다.

아버지가 갑작스러운 사고로 돌아가시고 어머니가 그 충격으로 중학교 1학년이 된 아들을 제대로 돌보지 못하고 자퇴를 시킨 경우를 본 적이 있다(그 당시에는 중학교가 의무교육이 되기 전이라서 중학교도 자퇴가 가능했다). 그 아이는 점심 때쯤 등교해서 학교 급식으로 하루에 한 끼 식사를 했다. 잘 씻지 않아서 몸의 청결 상태도 안 좋아서인지 학급 친구들과도 잘 어울리지 못했다. 어머니가 이런 아들을 자퇴시킨 이유는 아침에 아들을 깨워 등교시간에 맞춰 보내지 못해서였다. 아침마다 지각 때문에 담임선생님한테 걸려오는 전화도 받고 싶지 않았던 것 같다.

세 번째, 주변 친구들이 뭐 하러 학교에 다니느냐며 그냥 나와서 하고 싶은 대로 하며 살다가 검정고시 보면 된다는 말을 듣는 아이가 있을 것이다. 이런 아이들이 의외로 많다. 특히 요즘에는 아이돌이나 연예인 중에 학교를 일찍 그만두고 연예기획사의 연습생으로 들어가 성공하는 경우도 있다. 그러다 보니 자신이 진정으로 원하는 길을 가려면 학교 공부를 그만두고 그 시간에 자신이 하고 싶은 공부를 하는 게 낫지 않나 계산하는 것이다.

실제로 학교생활에는 관심이 없고 부모의 바람대로 고등학교 졸업장을 취득하는 게 목표인 학생이 있었다. 졸업장 취득도 자신의 목표라기보다는 부모의 목표라는 게 더 맞는 말인 것 같다. 그러다 보니 성적에도 친구관계에도 관심이 없었다. 학교에 나오는 이유는 출석 일수를 채우기 위해서였다. 학교에서도 비슷한 성향의 친구들과 어울렸지만 그 친구들과도 마찰이 잦은 편이었다. 그러다가 미용실 원장님과 친하게 되었는데, 본인의 미용실 체인점을 몇 개 가지고 있을 정도로 그 분야에서는 성공한 사람이었다. 어느 날 미용실 원장님이 자신은 고등학교를 자퇴하고 미용 일을 배워 이만큼 성공했다는 이야기를 해준 적이 있었다. 아이는 그 이야기만 듣고 현재의 성공한 미용실 원장님 모습만 보고 당장 학교를 그만두고 미용 일을 배우면서 검정고시를 준비해야겠다고 생각했다.

그래도 이 아이처럼 뜻하는 바가 있어서 학교를 그만두고 자신의 일에 매진하겠다는 아이들은 그나마 다행이다. 문제는 자신이 뚜렷이 무엇을 하겠다는 의지도 없이 그저 학교에 가기 싫어서 그만두고 '검정고시 보면 되지 뭐!' 하고 쉽게 생각하는 친구들이 많다는 것이다.

하지만 고등학교까지의 공부는 사회인으로 살아가기 위한 기본 교육이고, 그보다 더 중요한 것은 학교생활은 사회의 일원으로 살아가는 데 필요한 사회학습을 한다는 것이다. 사람마다 견해 차이는 있겠지만, 이러한 부분은 검정고시로는 결코 해결될 수 없다고 생각한다.

과거에는 가족의 숫자가 많고 마을 공동체가 발달했지만, 현재는 학교를 벗어나면 소속감을 느낄 만한 좋은 공동체를 찾기가 어렵다. 그런데도 일부 아이들은 학교 안보다는 학교 밖의 인간관계에서 인정받고 소속감을 느끼려고 한다. 물론 학교가 그 아이들에게 소속감을 주지 못하기 때문일 것이다.

네 번째, 윤영이와 같은 사례가 있을 수 있다. 윤영이의 경우도 마음 깊은 곳에는 좌절이 숨겨져 있었다. 센 척하려 했으나 받아들여지지 않는 관계에서 오는 좌절. 중학교 때까지는 자신의 방법이 친구들에게 받아들여졌는데, 이제는 받아들여지지 않는 것에 대한 좌절이다. 그래서 센 척을 지키고 좌절을 피하기 위해서 자퇴를 선택한다.

이 네 가지 이유 중에서 가장 문제가 되는 것은 네 번째 윤영이와 같은 경우다. 왜 마음의 좌절이 가장 문제일까?

가짜 이유는 학교폭력

윤영이뿐만 아니라 학생들 대부분은 학교생활을 잘하다가도 친구와 갈등이 생기고 그게 쉽게 해결되지 않으면 피하려고 한다. 갈등을 해결해 본 적이 없는 아이일수록 이런 난감한 상황을 어떻게 처리하는지 모르는 듯하다. 또한 청소년 시기에는 문제의 본질보다 훨씬 더 비약해서 극단적으로 생각하는 경향이 있다. 친구와 갈등이 생기면 바로 고립아가 될 수 있고, 그러면 주변 친구들도 자기를 이상하게 보게 될 것이고 그러다 보면 왕따가 될 것이다.

그러면 학교 다니기가 힘들어지고, 갈등을 해결하려는 과정이나 절차 없이 결론에 집중해서 생각하는 경향이 더 강해진다. 인간관계에서 갈

등은 항상 존재하는 것이고 갈등이 생길 때마다 인간관계를 단절하는 것은 문제 해결 방법이 아니다. 갈등을 해결해서 더 좋은 관계를 유지할 수도 있고 갈등이 해결되지 않아서 관계가 더 나빠질 수도 있다.

그리고 갈등이 생긴 사람과의 관계를 꼭 유지해야 할 필요도 없다. 그 친구와의 갈등이 해결되지 않았지만 다른 친구와 가까이 지낼 수도 있다. 한 친구랑 관계가 안 좋다고 해서 다른 친구와의 관계도 안 좋을 것이라고 생각하는 것은 지나친 비약이다. 다시 윤영이 이야기를 해보자.

윤영이는 고등학교 생활을 그 누구보다도 잘하고 싶은 마음이 강했다. 윤영이는 성적이 그리 우수한 편은 아니었으나 수업에 열심히 참여했고, 교내 동아리 활동에도 많은 관심을 보였다. 3월 첫 주부터 반 친구 몇몇과 단짝처럼 무리 지어 몰려 다녔으며 다른 반에도 제법 친한 친구들이 있었다. 그리고 학급에서 조금은 센 척을 하려는 모습도 포착되었고, 순하고 착한 여학생들을 무시하는 행동도 했다. 3월 중순부터 휴대전화를 혼자만 제출하지 않고 쉬는 시간에 사용하기도 했다. 사실 학급 친구들에게 센 척하려는 의도가 아니면 학기 초부터 휴대전화를 제출하지 않고 몰래 사용하는 경우는 드물다. 학생들 말에 따르면, 담임선생님이 교실에 들어와도 가방으로 가리고 휴대전화를 계속 사용했다고 한다. 아마도 중학교 때는 이런 행동이 학급 친구들에게 센 척으로 인정받을 수 있었을 것이다.

그런데 고등학생들에게는 좀 유치해 보일 수 있는 행동이었다. '쟤는 좀 이상하다. 왜 저럴까?' 한 친구는 윤영이랑 계속 친하게 지내다 보면

자신도 윤영이랑 똑같이 이상한 애 취급을 당할 수도 있겠다는 생각을 했다고 한다. 그래서 차츰 윤영이랑 거리를 두고 싶었고 그러다 갈등이 생겼다. 그런데 윤영이는 이런 상황이 당황스러웠다. 친구가 자신을 멀리하려 하니 왕따를 당한다고 생각하게 되었던 것이다. 사실 친하게 지내던 친구들에게 자기 속내를 다 드러내서 좀 민망했을지도 모르겠다.

그리고 무엇보다 이런 상황이 윤영이에게는 불안으로 와 닿았을 것이다. 중학교 때와는 달리 자신이 세운 전략이 처음부터 친구들에게 먹히지 않고 자기만 이상한 학생이 되고 말았기 때문이다. 고등학교 생활을 자기 전략대로 잘하려고 했는데 학기 초부터 문제가 발생하게 되었고, 앞으로 2, 3학년까지 학교생활을 잘할 수 있을 것 같지 않아 불안이 가중되었을 것이다. 이런 불안감을 안고 학교에 다니느니 차라리 자퇴를 하자 싶었을 것이다.

부모에게는 중학교 때 써먹었던 전략이 고등학교 친구들에게는 먹히지 않아 자퇴한다고 하면 반대할 게 분명하니까 부모도 자퇴를 찬성할 수밖에 없는 이유를 찾았을 것이다. 그래서 왕따를 당하고 있다고 이야기했을 것이고, 하루하루 학교 가기가 너무 힘들고 교실에 앉아 있는 것 자체가 고통이라고 말했을 것이다. 사실 친구들과 갈등이 있는 게 사실이고 지금은 혼자니까 왕따를 당하고 있다는 게 어찌 보면 사실인 것처럼 합리화가 아주 잘되었을 것이다.

지금 생각해 보니 윤영이 어머니도 불안지수가 높은 분 같았다. 아이가 학교에서 왕따를 당한다는 말을 듣고 학교에 계속 보내면서 해결하려고 하기보다는 피하는 방법을 선택했다. 윤영이의 자퇴를 만류하는 담임에게 계속 학교 다니다가 윤영이가 자살이라도 하면 책임지겠느냐고 묻는 걸 보면 여느 부모와는 달랐다. 어찌 담임한테 그런 엄청난 일을 책임질 수 있겠느냐고 물을 수 있단 말인가? 어머니는 윤영이의 현재의 학교생활을 불안해했다. 그래서 아마 딸도 불안이 몸에 배어 있었던 것 같다.

윤영이는 고등학교 생활을 잘하고 싶은 마음은 컸으나 학기 초부터 자신의 전략이 생각했던 대로 먹히지 않자 앞으로의 학교생활에 대해 불안했을 것이다. 또 자신이 세운 목표대로 생활할 수 없을 것 같아 두려웠을 것이다. 그래서 극단적으로 자퇴를 선택하게 되었을 것이다. 만약 담임이나 부모가 윤영이의 이런 전략을 미리 알았더라면 학교폭력에 조사를 집중하기보다는 윤영이의 생각의 틀을 바꿀 수 있는 방법을 찾고자 했을 것이다. 그랬다면 당장에 자퇴를 만류할 수는 없었더라도 윤영이가 자신에 대해 좀더 진지하게 고민할 수 있는 기회를 제공해 줄 수 있었을지도 모른다.

자퇴의 진짜 이유는 정체성의 혼란

윤영이와 같은 아이를 만날 때 가장 중요한 것은 '정체성'이라는 개념을 아이와 함께 이야기해 보아야 한다는 것이다. 따돌림, 센 척, 자퇴라는 행동을 하게 되는 그 배후에는 정체성이 자리 잡고 있기 때문이다.

윤영이는 중학교 때부터 센 척을 해 왔고, 고등학교에 들어와서도 그러한 행동을 계속했지만 다른 아이들에게 인정받지 못했다. 다른 아이들은 이미 센 척에서 졸업을 했지만, 윤영이는 센 척을 통해 인정받으려는 시도를 계속했고 다른 아이들로부터 배척당해 고립되었다. 윤영이는 이러한 상황을 극복하기 위해 더욱 센 척을 하게 되었다. 그것이 자퇴다.

"내가 자퇴할 거야. 없어져 버릴 거야."

이것 또한 센 척의 하나다. 심하면 "죽어 버릴 거야"라고 하는 것도 센 척이다. 그리고 자퇴라는 센 척에도 다른 아이들의 반응이 없자 결국 자퇴를 선택할 수밖에 없었을 것이다. 센 척하며 자퇴한다고 했는데 자퇴를 하지 못한다면 자신은 스스로 뱉은 말을 지키지 못하는 아이가 되어 버리는 것이다.

이와 비슷한 예로는 자살이 있다.

"저 자살하고 싶어요."

이렇게 말하는 아이들이 있다. 이것도 센 척으로 해석할 수 있다. 이 때 이렇게 말해서는 안 된다.

"해 봐! 어디 자살해 봐!"

만약 그런 반응을 보이면 그 아이는 자살도 못하는 아이가 될 바에는 차라리 자살을 선택하게 된다. 즉 다른 아이들에게 센 척했던 것이 무너져 버릴 바에야 자살을 통해 센 아이임을 증명하는 것을 선택한다는 것이다.

다시 윤영이의 이야기를 하면 윤영이의 센 척을 멈추어야 할 필요가 있다. 그 방법 중의 하나가 자신의 정체성을 뚜렷이 아는 것이라고 생각한다. 심리학자들마다 정체성을 표현하는 말들은 다양하다. 인생 각본이라고도 하고, 가치관이라고도 한다. 무엇이라 부르든 그 아이가 갖고 있는 근본적인 생각의 틀을 수정해 주어야 한다. 그런데 학교에서는 정체성에 대해 배우고 생각하는 시간이 거의 없다. 그러다 보니 자퇴 문제가 불거질 때도 정체성에 대한 깊이 있는 접근보다는 약간의 상담을 거쳐 행정 처리를 하는 방식의 접근만 하고 있다.

아이가 갖고 있는 근본적인 세계관, 주변 사람들을 보는 시각 등에 대한 수정이 없으면 자퇴에 대한 논의는 피상적일 수밖에 없다. 자퇴를 못하게 하면 '자퇴마저 못하는 아이'가 되어 버린다. 이상하게 들릴지 모르지만 거짓말쟁이이자 패배자라고 생각할 수도 있다. 그래서 우리는 자퇴를 한다는 아이, 자살을 말하는 아이를 만났을 때, 그 아이와 함께 정체성에 대한 이야기를 나누어야 한다. 이러한 정체성에 대한 이야기는 아이의 정체성을 찾는 과정이자, 아이가 자퇴라는 극단적인 선택을 하는 걸 막는 설득의 과정이 될 수도 있다.

이 정체성에 대한 개념만 알아도 아이들이 중도 탈락하지 않고 인생

을 다르게 살 수 있는 기회는 많다. 자퇴, 전학, 유학 같은 아이들의 인생에서 중대한 결정을 할 때 혹시 정체성 혼란에 따른 '부적응'의 문제는 아닌지 꼭 생각해 보아야 한다. 흔히 아이들이 유학 간다고 할 때 그이유로 '우리나라의 입시 위주의 교육'을 꼽는 경우가 많다. 하지만 자세히 들여다보면 고립아이거나 성적이 안 나와서 가는 경우도 있다. 아니면 우리나라보다 외국이 대학을 가는 데 더 유리하기 때문이다. 하지만 아이가 환경이 바뀜으로 인해서 겪게 될 정체성의 문제도 생각해 보아야 한다.

어쩌면 아이의 인생에서 처음으로 만나는 중대한 선택의 기로일 수있는데, 이때 정체성의 문제로 접근해서 좀더 본질적으로 생각해 본다면, 아이가 인생에서 또 다른 중대한 선택의 순간에 놓이더라도 정체성을 중심에 두고 신중히 선택할 수 있는 힘을 길러 준다. 이것이 아이의진짜 마음을 알아 가는 핵심이다.

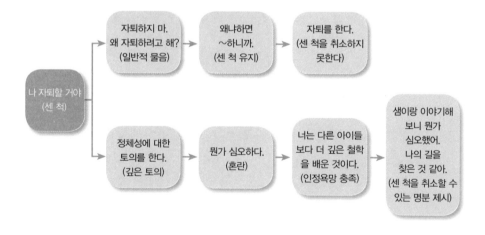

다음에 제시하는 여러 가지 활동의 목적은 아이의 정체성을 드러내는 것
이다. 아이가 자퇴를 원할 때 교사는 아이를 말리면서 속으로는 '내가 아이
를 말리는 것이 옳은 것일까?' 하는 생각을 한다. 나 역시 윤영이의 자퇴에
대해 일반적인 이야기밖에 하지 못했다. 많은 교사들이 그럴 것이다.

자퇴를 하고자 하는 아이가 있으면 그 아이의 마음을 먼저 깊이 들여다
보아야 한다. '자퇴하지 마. 왜 자퇴를 하려고 해?' 정도의 말로는 그 아이
의 논리를 이기기 어렵다. 그리고 이것은 그 아이를 위한 일이면서 동시에
교사를 위한 일이다. 아이가 자퇴를 하든 안 하든 아이와 함께 깊은 본질에
다가가는 과정은 교사에게도 무기력을 넘어 유능감을 주는 행위다.

자퇴나 자살을 고민하는 아이들은 자신들의 주장에 대한 나름대로의 논
리를 준비한다. 자퇴가 최종 처리되기까지 2주간의 숙려 기간은 스스로의
논리를 갖추는 데 쓰이기도 하고, 학교생활이 어려운 아이는 그동안 학교
에 나오지 않으면서 마음이 편해져 자퇴에 대한 결심을 더욱 확고히 하기
도 한다.

'자퇴하지 마. 계획이 있니? 검정고시는 쉬울 줄 알아?'

이러한 질문에 아이들은 나름대로 논리적으로 말할 수 있다. 또 논리적

으로 대답할 수 없으면 침묵해 버리면 그만이다.

한편, 자살에 대한 활동지나 관련 프로그램은 많은 반면 자퇴에 대한 활동지나 프로그램은 거의 없다. 자퇴하는 아이들이 훨씬 많고, 자퇴와 자살이 좌절이라는 기본적인 공통성을 가진 상황에서 이러한 활동지와 프로그램을 개발해야 할 필요가 있다.

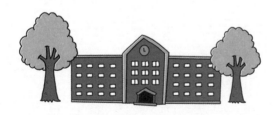

나의 진짜 마음 알아보기

 마음의 좌절을 겪거나 뜻한 대로 일이 되지 않고, 친구들과의 관계도 원만하지 않아 학교를 그만두고 싶을 때, 아래의 순서에 따라 자신의 마음 상태를 좀더 정확히 알아보자. 때로는 자신도 모르는 마음을 알 수가 있다. '함께 생각해 보기'의 목적은 진짜 자신의 마음 상태를 아는 것이다. 뚜렷하게 목표와 진로 및 전략이 있는지, 학대받고 있는지, 학교 밖의 인간관계에서 인정받고 싶어 하는지, 자퇴한다는 센 척을 취소하지 못해서인지 구분해야 한다. 다음 활동지는 5차시로 나누어져 있다.

차시	제목	설명
1차시	공감하기	자퇴는 인생의 중요한 결정임을 이야기하고, 만남과 이별에 대한 이야기를 나눈다.
2차시	자퇴 사례 분석하기	여러 가지 사례를 통해 나의 사례를 비교하고 성찰해 본다
3차시	학교에서의 내 모습 분석하기	관계망 분석을 통해 친구와 선생님들과의 관계가 나의 자퇴와 어떤 관련이 있는지 알아본다.
4차시	나의 인생 계획 설계하기	내가 살아온 과정을 살펴보고 미래를 예측해 보며 내가 어떤 인생 각본을 갖고 있는지 다시 알아본다.
5차시	재결단하기	지금까지의 성찰 과정을 종합하여 자퇴에 대한 스스로의 결단을 다시 바라보고, 자퇴에 대한 입장을 정리하며, 새로운 나의 인생을 시작한다.

1. 우선 아래 시를 낭송해 보자. 다른 시를 낭송해도 좋다.

님의 침묵

– 한용운

님은 갔습니다

아아 사랑하는 나의 님은 갔습니다

푸른 산빛을 깨치고 단풍나무 숲을 향하여 난

작은 길을 걸어서 차마 떨치고 갔습니다

황금의 꽃같이 굳고 빛나던 옛 맹서는 차디찬 티끌이 되어서

한숨의 미풍에 날아갔습니다

날카로운 첫 키스의 추억은

나의 운명의 지침을 돌려 놓고

뒷걸음쳐서 사라졌습니다

나는 향기로운 님의 말소리에 귀먹고

꽃다운 님의 얼굴에 눈멀었습니다

사랑도 사람의 일이라 만날 때에

미리 떠날 것을 염려하고 경계하지 아니한 것은 아니지만,

이별은 뜻밖의 일이 되고 놀란 가슴은 새로운 슬픔에 터집니다

그러나 이별은 쓸데없는 눈물의 원천을 만들고 마는 것은

스스로 사랑을 깨치는 것인 줄 아는 까닭에

걷잡을 수 없는 슬픔의 힘을 옮겨서

새 희망의 정수박이에 들어부었습니다

우리는 만날 때에 떠날 것을 염려하는 것과 같이

떠날 때에 다시 만날 것을 믿습니다

아아 님은 갔지마는 나는 님을 보내지 아니하였습니다

제 곡조를 못 이기는 사랑의 노래는 님의 침묵을 휩싸고 돕니다

학생은 님이다.

그리고 님은 떠나면서 침묵한다.

교사는 학생을 떠나보내지 아니했다.

우리 만남과 이별에 대해 이야기해 보자.

2. 이 과정을 통해 내가 느낀 점은 무엇인가?

● 2차시 자퇴 사례 분석하기

1. 다음 여러 가지 사례에 대한 나의 생각을 적어 보자.

가. 축구선수 A는 초등학교밖에 나오지 않았다. 연예인 B와 C도 다른 보통 사람들처럼 학교를 많이 다니지 않았지만 사회적으로 크게 성공했다. 따라서 나도 학교를 안 다녀도 충분히 성공할 수 있다.

나의 생각 :
_____
_____
_____

나. A학생은 어릴 때 어머니가 집을 나갔다. 아버지와 함께 살고 있는데 아버지는 술만 먹으면 폭력을 휘두른다. 그리고 아버지가 학교를 그만 다니고 일을 하라고 한다.

나의 생각 :
_____
_____
_____

다. 학교에서는 친구가 별로 없다. 그러나 학교 바깥에는 친한 친구도 있고, 선배도 있다. 그들도 여러 명이 자퇴를 했다. 또 아르바이트하는 곳의 점장님은 '학교 그만두고 아르바이트하면 돈도 많이 벌 수 있고, 열심히 하면 나처럼 점장이 될 수 있고, 사업가도 될 수도 있어'라고 말한다.

나의 생각 :

라. 윤영이의 사례를 읽고, 윤영이에 대한 나의 생각을 써보자.

윤영이에 대한 나의 생각 :

윤영이의 친구들에 대한 나의 생각 :

마. 아무 생각 없이 학교 다니는 아이들이 많다. 그저 학교 급식 먹는 것
이 좋거나, 친구들과 노는 것이 좋아서 학교를 다닌다.

이 아이들에 대한 나의 생각 :

2. 이 과정을 통해 내가 느낀 점은 무엇인가?

● **3차시 학교에서의 내 모습 분석하기**

1. 자퇴를 한다고 친구에게 말한 적이 있는가? 누구에게 말했는가? 자퇴를 한다고 말하고 실천하지 않는다면 다른 사람들이 나를 어떻게 생각할지 고민해 본 적이 있는가?

----

2. 나의 현재 감정은 어떤가?

예) 기쁨, 슬픔, 걱정, 화남

----

3. 나의 자퇴에 대해 여러 가지 의견을 표현하는 사람이 있을 것이다. 그들의 의견을 정리해 보자.

(   )의 의견

내가 생각하기에 (   )의 의견은(옳다 / 그르다)

내가 생각하기에 (   )의 현재 감정은 (   )일 것이다.

(   )의 의견

내가 생각하기에 (   )의 의견은(옳다 / 그르다)

내가 생각하기에 (   )의 현재 감정은 (   )일 것이다.

4. 나의 자퇴와 관련된 사람들을 그림으로 그려 보자.

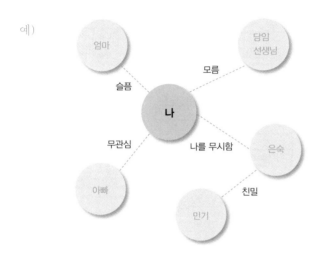

5. 이 과정을 통해 내가 느낀 점은 무엇인가?

1. 나는 어떤 사람이 되고 싶은가?

　가. 어머니에게 나는 이렇게 보이고 싶다 :

　　　그런데(그러나) 어머니는 나를 이렇게 본다 :

　　　그러나(그런데) 실제의 나는 이렇다 :

　나. 선생님에게 나는 이렇게 보이고 싶다 :

　　　그런데(그러나) 선생님은 나를 이렇게 본다 :

　　　그러나(그런데) 실제의 나는 이렇다 :

　다. 학교에서 아이들에게 나는 이렇게 보이고 싶다 :

　　　그런데(그러나) 아이들은 나를 이렇게 본다 :

　　　그리고(그런데) 실제의 나는 이렇다 :

2. 내가 생각하는 나의 인생 각본은 무엇인가?

어린 시절
－－－－－－－－－－－－－－－－－－－－－－－－
초 1　2　3　4　5　6
－－－－－－－－－－－－－－－－－－－－－－－－
중 1　2　3
－－－－－－－－－－－－－－－－－－－－－－－－
고 1　2　3
－－－－－－－－－－－－－－－－－－－－－－－－

가. 성적 변화 과정은 어떠했나?

상

중

하

나. 어머니와의 관계 변화 과정은 어떠했나?

상

중

하

다. 아버지와의 관계 변화 과정은 어떠했나?

상

중

하

라. 학급에서 인간관계 변화 과정은 어떠했나?

상

중

하

마. 나의 자신감 변화 과정은 어떠했나?

상

중

하

3. 다음 그림을 보고 현재 나의 위치는 어디인지 생각해 보자(자신과 꼭 맞는 그림이 없으면 새로 그림을 그려 넣어 보자). 그 이유를 써보자.

4. 5년 후 나의 위치는 어디일까?(자신과 꼭 맞는 그림이 없으면 새로 그림을 그려
   넣어 보자). 그 이유를 써보자.

   ----

5. 10년 후 나의 위치는 어디일까?(자신과 꼭 맞는 그림이 없으면 새로 그림을 그
   려 넣어 보자). 그 이유를 써보자.

   ----

6. 이 과정을 통해 내가 느낀 점은 무엇인가?

● 5차시 재결단하기

1. 지금까지는 '나'를 이렇게 생각해 왔다.

_____

_____

2. 앞으로 10년간 나의 인생 계획을 세워 보자.

시간	나의 나이	이루고 싶은 모습	나의 노력
1년 후			
2년 후			
3년 후			
4년 후			
5년 후			
6년 후			
7년 후			
8년 후			
9년 후			
10년 후			

3. 나의 인생 계획을 바탕으로 한 편의 시를 써보자.

----

4. 이 과정을 통해 내가 느낀 점은 무엇인가?

느낀 점 1)

느낀 점 2)

6장

유년의 상처와
화해하기

유년 시절에 받은 상처는 어른이 되어서도 해결되지 않는다. 어쩌면 평생을 꼬리표처럼 따라다닐 수도 있다. 지금은 무엇이든 꿈꿀 수 있고, 무엇이든 선택할 수 있는 꿈 많은 '10대'라는 말만 들어도 설렌다. 하지만 나의 10대는 상처로 얼룩진 나날들이었다. 지금도 그 시절의 나를 생각하면 언제나 떠오르는 이미지가 하나 있다.

아이들이 많은 교실에서 내가 책상 앞에 앉아 있는데 '너무 외롭다!' 라고 느끼는 장면이다. 지금은 한 학급에 학생들 수가 적지만, 우리가 중·고등학교 다니던 시절만 해도 한 학급에 학생들이 50명은 되었다. 신체적으로 자랄 대로 자란 고등학생들이라 교실이 빽빽한데도 나한테 는 너무 넓게 느껴지고 내 옆에 아무도 없는 것 같았으며, 심지어는 모든 사물이 무채색이었다. 이 장면만 정지 화면처럼 떠오르지 무슨 일이 있었고, 누가 나한테 어떻게 해서 어떻게 되었는가는 떠오르지 않는다. 교실에 아이들이 많은데도 '너무 외롭다!'라고 느낄 뿐이다.

사람이 충격을 받으면 사건의 전체적인 맥락이 아니라 어떤 한 장면만 부각되어 떠오른다고 한다. '아우슈비츠 수용소 대학살' 같은 참혹한 역사의 현장에서 살아남은 사람들도 그 모든 것을 정확히 기억하는 게 아니라 특정 장면만 드문드문 기억한다고 한다. 이러한 기억은 왜곡을 가져올 수 있다. 10대 시절의 상처를 극복하고 해결해야 하는 이유도 이 때문이다. 그렇지 않으면 10년, 20년이 지나도 왜곡된 기억으로 남을 수 있다.

나의 10대는 지독히 외로웠다. '왕따'라는 이름으로 오롯이 나 홀로 지내야 하는 고독의 시간들이었다. 지독한 외로움 속에서도 이 악물고 버텨 어른이 되면 내 유년의 상처는 없어질 줄 알았다. 그런데 어른이 되고 꽤 오랜 시간이 지나도 그때 그 시절의 상처는 치유되지 않고 나를 괴롭혔다. 10대 시절에 받은 상처를 해결하지 못하면, 어른이 되어서도 그 상처는 고스란히 남는다는 걸 알게 되었다. 그리고 학교에서도 센 척하는 아이들보다 10대 시절의 나와 비슷한 학생들을 보면 나의 과거가 불쑥 떠올라 이 학생들을 어떻게 대해야 할지 몰라 더 위축되었다. 어느 날, 이러한 나의 태도가 아이들에게 또 다른 상처의 씨앗이 될 수도 있겠다는 생각에 무서웠다. 그리고 어두웠던 나의 10대로부터 적극적으로 탈출하려고 몸부림을 쳤고, 그 시작은 그 시절의 나와 정면으로 마주하는 것이었다.

지금 돌이켜 생각해 보면 나는 그다지 사회성이 좋은 아이는 아니었다. 나는 처음 보는 아이와도 금방 친해져 헤어질 때 십년지기를 잃은 것처럼 우는 아이들을 이해할 수 없었다. 친구들을 잘 못 사귀고, 친구들과 잘 지내지 못하는 나의 유일한 친구는 나의 자매들이었다. 언젠가 친척 어른이 말했다.

"'보통' 아이들은 골목에서 놀면서 크는데, 너희는 너희끼리 마당에서만 노는 게 참 이상하구나."

당시의 골목은 아이들의 놀이터였을 텐데 나에게는 아니었나 보다. 다행인지 불행인지 내가 어린 시절을 보낸 집은 마당이 꽤 넓어서 골목에서 동네 친구들이 어울려 할 법한 놀이, 이를테면 고무줄뛰기, 숨바꼭질, 술래잡기와 같은 것을 자매들과 하며 놀았다. 그중에서도 고무줄뛰기는 당시 여자아이들 사이에서 인기였다. 실력이 뛰어난 아이들은 자신의 키를 훌쩍 넘는 높이에 위치한 고무줄도 장난처럼 가지고 놀았는데, 나는 그런 아이들을 선망의 눈빛으로 바라보곤 했다. 가끔은 친구들 중 하나를 빼놓고 노는 게 마음에 걸리는 배려심 깊은 아이들이 나를 끼워 주기도 했지만, 나는 몸으로 노는 것에는 영 소질이 없었다. 나와는 달리 비교적 고수에 속하던 동생은 집에서 종종 고무줄뛰기를 하며 나와 놀아 주었다.

나는 운동에는 소질이 없는 아이라고 스스로의 재능 부족을 빨리 알아챈 것인지 아니면 스스로 한계를 지은 것인지는 모르겠지만, 어쨌든 내가 고무줄뛰기를 잘하게 되는 일은 없었다. 돌이켜 보면 고무줄 위를 펄펄 날아다니는 아이들에게 질투 섞인 선망의 눈빛을 보냈던 듯하다. 아마도 그 아이들처럼 친구들의 감탄을 받고 싶었나 보다.

다른 아이들도 친구 사귀는 게 힘들까?

'다른 아이들도 친구 사귀는 게 이렇게 어색하고 불편할까?'

나는 친구 만드는 법을 몰랐다. 때로는 왜 아무도 나한테 친구 사귀는 걸 가르쳐 주지 않는지 원망스럽기도 했다. 처음 보는 아이에게 어떻게 말을 걸면 좋은지, 무슨 말을 해야 할지, 친구가 되려면 어떻게 해야 할지 알 수가 없었다. 그런 나에게 첫 '친구'가 생긴 것은 초등학교 1학년 때였다. 어떻게 친하게 되었는지 기억은 잘 나지 않지만, 내 옆자리에

앉게 된 그 아이에게 준비물을 사고 남은 돈으로 불량식품 비슷한 것을 사주면서 어울리게 되었던 것 같다. 불량식품을 사 먹는 건 나쁜 일이라고 생각했지만, 즐거운 표정을 짓는 그 아이를 보니 나도 기분이 좋았다.

'나에게도 드디어 친구가 생겼구나!'

기쁨이 죄책감을 눌렀다. 그런데 문제는 나는 친한 친구가 되었다고 생각하고 친하게 지내려고 했는데, 내가 그러면 그럴수록 그 아이가 불편해한다는 것이다. 나는 다시 먹을 걸 사주면서 그 아이의 환심을 사보려고 했지만, 먹는 것으로 생긴 친구는 먹을 때만 친구였다. 그 아이는 이후 몇 번 나의 군것질 '친구'가 되어 주었지만, 우리가 '친한 친구' 사이가 되었다고 나를 오해하게 만들었던 표정은 먹을 것을 사줄 때만 볼 수 있는 얼굴이었다.

친구를 만들고 싶은데 어찌할 바를 몰랐던 나는 그 아이가 나를 별로 좋아하지 않는다는 느낌을 받으면서도 계속해서 먹을 것을 사주면서라도 그 관계를 이어 가고 싶어 했다. 내가 아는 관계의 기술은 먹는 걸 사주는 것밖에 없었다. 이제는 그 아이의 얼굴도 이름도 희미해졌지만 친구를 어떻게 만드는 건지 몰라서 괴로웠던 그때의 마음이 아직도 기억이 난다. 나에게 친구는 힘을 들여서 애를 써서 '만들어야' 하는 것이었다.

세월이 흘러 중학교 1학년이 되었다. 학기 말, 담임선생님이 이제 다른 반으로 헤어지는 친구들을 추억하기 위해 롤링페이퍼를 써보자고 했다. 나는 애당초 롤링페이퍼를 쓰는 것이 마땅치 않았다. 내가 인기 있는 아이가 아니라는 것을 잘 알고 있었고, 내 롤링페이퍼에 어떤 내용이 쓰일지 짐작하고 있었기 때문이다.

인기 있는 친구들은 A4 종이 앞면 뒷면 가득 아쉬움의 말이 쓰여 있었을 뿐 아니라 형형색색 펜으로 장식되어 있었다. 별로 친하지 않아서 할 말이 없는 친구에게는 그저 '1년간 즐거웠다' '잘 지내라' 정도의 간단한 말을 쓰게 마련이었다. 사이가 안 좋은 친구라고 해도 글씨체나 말투에서 누구인지 드러나게 마련이라 대놓고 나쁜 말을 하는 경우는 별로 없었다. 그렇기에 많은 기대를 하지는 않았지만, 그런데도 나에게 돌아온 롤링페이퍼는 참담했다.

나에게 할 말이 없어서 무성의하게 쓴 사람은 괜찮았다. 듬성듬성 여기저기 쓰여 있는 글 중에는 좋은 말보다 나쁜 말이 더 많았다.

'재수 없다.'

'잘난 척 좀 그만해라.'

글씨만 봐도 누가 썼는지 알 것 같았다. 그렇게 대놓고 말할 정도로 내가 싫었을까? 성의껏 써준 친구들 때문에 버리지도 못하고 집에 가져온 롤링페이퍼를 책상 서랍 깊숙이 넣어 두었지만, 서랍을 열 때마다 무시 못할 존재감으로 내 가슴을 콕콕 찔렀다. 나쁜 말을 보이지 않게 두꺼운 펜으로 덮어도 보았다. 하지만 결국 롤링페이퍼를 버리고 말았다. 좋은 말보다 나쁜 말의 울림이 더 컸다.

반이 바뀌고 학교가 바뀌어도 나를 싫어하는 아이들은 항상 있었다.

아이들이 나를 싫어하는 이유는 대개 비슷했다. '재수 없다' '잘난 척한다'였다. 나의 어떤 행동이 재수가 없는지, 잘난 척을 하는 건지 나는 잘 몰랐다. 싫어하는 행동을 고치면 나를 좋아해 줄지도 모른다고 생각했지만, 알지 못하는 행동을 고칠 수는 없는 노릇이었다.

나는 친구들과 잘 지내고 싶었고, '재수 없다'는 말은 듣고 싶지 않았고, '잘난 척'도 하고 싶지 않았다. 나는 알고 싶었고, 고치고 싶었고, 나를 좋아해 주길 바랐지만 재수 없다고, 잘난 척한다고 이야기하던 그 누구도 나에게 고칠 수 있는 방법을 알려 주지 않았다. 내가 인지하지 못하는 나의 행동 때문에 괴로웠다. 가만히 앉아 있으면 되는 수업 시간은 괜찮았지만, 쉬는 시간이 문제였다. 10분밖에 안 되는 쉬는 시간이 정말 길게 느껴졌다.

그래서 책을 읽었다. 책을 읽고 있으면 나에게 말을 거는 사람이 없어도 괜찮았다. 그렇게 책 읽는 걸 좋아하는 아이로 스스로를 포장했다. 독서는 좋은 행동이니까. 나는 친구보다 독서를 선택한 아이이고 싶었다.

겨우 친구가 생겼는데…

다시 시간이 흘러 중학교 3학년이 되었다. 담임선생님이 복도에 반 아이들을 키순으로 일렬로 세웠다. 키순으로 자리 배치를 하는 걸 안 아이들은 웅성웅성 선생님 몰래 자리를 바꿨다. 친한 친구와 짝이 되고 싶어서 그러는 것 같았다. 나는 조용히 양보해 주었다. 계산 실수였는지 짝이 되려고 자리를 바꾸던 아이들은 짝이 되지 못했고, 의도치 않게 나는 미진이라는 아이와 짝이 되었다. 내 짝은 밝고 명랑한 친구였다. 친한 친구와 짝이 못 되어도 개의치 않고 나에게 먼저 손을 내밀며 친하게 지내자며 웃었다. 그리고 정말 친하게 지내 주었다. 원래 친했던 친구들과도 사이좋게 지냈지만 나에게도 좋은 친구가 되어 주었다. 집에서 같이 놀다가 라면을 끓여 준다거나 어머니의 레스토랑에 초대해서 맛있는 음식을 먹게 해주는 등 친한 친구들과 하고 싶은 것들을 함께 해볼 수 있었다.

그러던 중 1박 2일로 체험학습을 가게 되었다. 6명이 방을 함께 쓰도록 조를 짜야 했다. 나는 당연히 미진이와 같은 조가 될 거라고 생각했다. 완성된 조의 구성원을 보니 짝을 제외한 나머지 아이들은 별로 친하지 않은 아이들이었다. 3학년이 되기 전부터 미진이와 친한 친구들이었고, 미진이와 짝이 되기 위해 자리를 바꿔 달라고 한 친구도 있었다. 이미 모든 반 아이들의 조별 구성이 끝난 상태였다. 다른 조로 옮겨야 할 당위성도, 옮길 자리도 없었다. 썩 내키지는 않았지만 1박 2일간 그 친구들과 함께 지내기로 했다. 밤을 새우다시피 해서 놀고 다음 날 아침이 되었다. 친구들이 밥 먹으러 나간 사이 이불에 기대어 눈을 감고 있었다. 그때 미진이를 제외한 4명의 조원들이 우르르 들어왔다. 나는 피곤했기 때문에 그냥 계속 눈을 감고 있었다. 그중 한 아이가 말했다.

"도대체 미진이는 왜 쟤를 우리 조에 끼워 준 거야? 짜증 나게. 쟤 땜에 방에 있기도 싫잖아."

나는 계속 눈을 감고 자는 척을 했다. 분명 아이들은 내가 잠들지 않았다는 사실을 알았을 것이다. 그 후에도 계속해서 나란 존재의 불편함에 대해 잠이 들었던 사람도 깰 만큼 큰 소리로 불평을 늘어놓았다. 내 존재가 짜증 났던 아이는 한 명이 아니었던 듯 돌아가며 불평불만을 늘어놓다가 들어올 때처럼 우르르 나가 버렸다.

아이들이 나간 걸 알고도 한참 후에야 눈을 뜰 수가 있었다. 숙소는 아이들로 가득 차 있었고 복도에서 다른 방에서 왁자하게 떠드는 소리가 들려왔지만, 이 세상에 홀로 남겨진 것처럼 외로웠다. 바깥의 소리가 시끄러우면 시끄러울수록 나는 점점 더 작아지는 것 같았고 어디론가 아무도 없는 곳에 가서 숨어 버리고 싶었다. 그렇지만 아무 데도 갈 곳이 없었고 내가 할 수 있는 일은 아무것도 없다는 무력감이 느껴졌다. 집에 돌아갈 때까지 같은 조원끼리 있어야 했기에 아무 일도 없던 것처럼, 아무 상처도 받지 않은 것처럼 태연하게 행동하려 했지만 쉽지 않았다. 나는 돌아오는 버스에서 내내 자는 척을 했다.

연합고사를 치르고 고등학교 배정이 끝났을 때, 나는 600명이 넘는 아이들 중 단 14명만 배정된 집에서 멀리 떨어진 J여고에 가게 되었다. 그때는 겨우 친구가 생겼는데 왜 나만 따로 떼어 놓았는지 담임선생님에 대한 원망이 하늘을 치솟았지만, 지금 돌이켜 보면 어쩌면 담임선생님의 배려였을 수도 있다는 생각이 든다. 나는 반 아이들과 잘 지내지 못한다는 티를 내지 않고 생활하려고 애썼지만, 나의 위태로운 생활이 담임선생님 눈에 잘 보였을지도 모른다. 그리고 그런 나를 다른 아이들과 떼어 놓는 것이 선생님이 생각한 방법이었을지도 모르겠다. 나를 아는 사람이 없는 곳에서 새롭게 시작할 수 있는 기회가 주어진 것일 수도 있었다. 그렇지만 사람은 쉽게 변하지 않는 법이다.

공부 잘하는
왕따 아이

나는 고등학교에 와서도 여전히 친구들과 어떻게 지내야 할지를 몰라 우왕좌왕했다. 당시 '이지메(いじめ, 괴롭힘)'라는 말이 언론과 방송에서 쓰이기 시작했다. 이지메는 이지메루(いじめる, 괴롭히다)라는 일본어에서 온 말로 한 학생을 대상으로 삼아 다수의 학생이 신체적, 정신적으로 괴롭힌다는 의미다. 당시 그러한 일본의 특수한 상황이 소개된 이유는 재일교포 학생이 이지메의 피해자가 되는 경우가 자주 있었기 때문이었다. 폐쇄적인 일본 사회에서 대두되는 현상으로 부정적으로 소개되었던 기억이 있다.

방송에서 소개한 사례 중에 가장 기억에 남는 것은 기숙사에서 피해 학생의 침대에 죽은 고양이 시체를 넣어 놓은 것이었다. 방송에서 시청률을 높이기 위해 자극적인 사례를 소개했을 텐데, 그런 극단적인 사례가 주로 소개되었기 때문에 내가 당하는 상황과는 연결할 수 없었다. 이지메라는 말이 너무 왜색이 짙었기 때문인지, 아니면 현지화의 과정을 거친 것인지는 알 수 없지만, 이지메는 이미 존재하던 '따돌림'이라는 단어에 당시 유행하던 접두사 '왕'을 붙인 '왕따돌림'의 약어인 '왕따'라는 말로 정착되었다. '왕따'라는 말은 다양하게 변주되어 '은따(은근히 따돌림)' '전따(전부 다 따돌림)'라는 말도 생겨났다. 그전에는 단순히 숫기가 부족하거나 내성적이라고 생각되었던 아이들은 '왕따'라는 언어로 새로이 명명되었다. 그런데 나중에 알고 보니 나한테 닥친 상황이 바로 그 '왕따' '은따'였던 것이다.

친구들에게 관심받고 싶은 나

내가 다닌 J여고는 근처에 있는 J여중 아이들이 대부분이었다. 중학교 때부터 이미 아는 사이였던 반 아이들 대부분은 이미 무리가 만들어져 있었다. 다행히 옆자리 아이가 함께 도시락을 먹자고 말해 주었다. 주변 아이들과 약간 안면을 트고 나서 내 첫인상에 대해 물어보았다. 만약 안 좋은 모습이 있다면 고쳐서 사이좋게 지내보고자 하는 마음이었던 것 같다.

"첫인상? 너 입 다물고 있으면 완전 무서워 보이잖아. 화난 줄 알았어. 근데 말을 하니까 좀 푼수 같았어."

나는 푼수 같아 보인다는 말을 듣고서도 기분 나쁘지 않았다. 무서워 보인다는 말보다는 낫지 않은가. 게다가 친근해 보인다는 말로 생각해 볼 수도 있다. 푼수 같다는 말에는 똑똑해 보이지 않는다는 말도 포함 되어 있었을 텐데, 그런 인상은 첫 시험 결과가 나오고 완전히 바뀌었 다. 내가 다닌 중학교에서 J여고에 배정된 아이들은 겨우 14명뿐이었고, 그들 중 나와 같은 반이었던 아이는 없어서 나에 대해서는 전혀 알려진 바가 없었다. 연합고사 당일은 전날 급체의 영향으로 엉망인 몸 상태로 겨우 시험을 쳤기 때문에 연합고사 성적으로는 선생님들도 나에 대해 알 수 없었을 것이다. 나는 2등과 월등히 차이 나는 점수로 1등을 한 것 이었다. 시험 결과가 나온 이후 아이들이 조금 거리를 두는 것 같았다. 비록 그때는 잘 느끼지 못했지만.

"너 보기랑 다르다. 그렇게 공부 잘할 것처럼은 안 보이는데……."

아이들의 달라진 시선에 어쩌면 나는 약간 우쭐했는지도 모른다. 인 지하지는 못했지만 아이들의 '우아~' 하는 시선을 받고 싶었다고 생각 한다.

나는 다른 사람을 끌어당기는 매력이 있는 사람은 아니었다. 그렇지 만 많은 친구들을 만나길 바랐다. 그 누가 아니겠는가. 아이들은 나에 게 모르는 문제를 물어보기도 했는데, 설명을 들은 후에는 '선생님이 설명했을 때는 잘 모르겠던데 네가 설명해 주니 이해된다'와 같은 절로 어깨가 으쓱해지는 칭찬을 해주기도 했다. 이렇게 아이들의 관심을 받 으며(받는다고 생각하며) 어쩌면 자만심이 생겼을 법도 하다. 누구에게나 인정받고 싶은 마음이 있지 않은가. 부모님, 친구들, 선생님들의 인정을 받는 일이 너무 쉬웠다. 어릴 때 아무리 선망해도 할 수 없었던 고무줄뛰기와는 달랐다.

'튀는' 행동을 선호하지 않는 10대

그리고 문제의 2학년이 되었다. 학창 시절 내내 성적으로 선정되는 임원 후보였지만 학급 임원이 된 적은 없었다. 늘 후보 사퇴를 했기 때문이었다.

'공부에 방해가 된다.'

'부모님이 바빠서 학부모위원 일을 할 수 없다.'

언제나 그럴듯한 자기합리화의 이유가 있었지만, 아마도 나의 인기 없음을 눈으로 확인하고 싶지 않았던 것 같다.

그런데 그때는 반장을 하고 싶었다. 학창 시절은 2년밖에 남지 않았고, 반장이라는 완장을 찰 기회는 두 번뿐이었다. 게다가 고3 반장은 부담스러워서 한다면 지금뿐이었다. 왠지 아이들도 뽑아 줄 것 같았다. 어른들의 겸양의 미덕을 보고 배운 덕분인지, 반장 따위 해봤자 공부에 방해만 되고 좋을 것도 없다는 현실적인 계산 때문인지, 후보로 선정된 아이들은 한결같이 '능력이 부족하니 다른 후보에게 양보하겠습니다'라고 말했다. 그러면 어쩔 수 없이 반장을 사양한 후보들 중에서 마음에 드는 사람을 고르고 가장 많은 득표수를 획득한 후보가 반장이 되는 식이었다. 그런 분위기에서 나는 말했다.

"저는 한 번도 반장을 해본 적이 없습니다. 그렇지만 학창 시절 추억의 한 부분으로서 꼭 한 번 해보고 싶습니다. 저를 뽑아 주신다면 잘하지 못하더라도 최선을 다해 열심히 하겠습니다."

나는 반장으로 선출되었다. 그리고 담임선생님은 고1 때와 같은 분으로, 우리 학교가 첫 발령지인 젊은 여자 선생님이었다. 그렇게 신출내기 교사와 신출내기 반장이 맡은 우리 반은 지금 돌이켜 보면 베테랑 교사가 필요한 반이 아니었을까 생각한다.

여학생들은 무리 지어 다니기를 좋아하는데, 무리에는 리더인 여왕벌이 하나씩 있게 마련이다. 그런데 우리 반은 고만고만한 세력의 여왕벌들이 여럿 있었다. 그러다 보니 무리끼리 쪼개져서 서로를 배척하며 으르렁거렸다. 수업에 들어온 선생님들도 우리 반이 '수업 분위기가 안 좋다' '수업하기 힘들다'와 같은 말을 대놓고 했다.

아마도 개중에 똑똑한 여왕벌이 있었을 것이다. 여러 무리를 통합하는 방법 중 하나는 공공의 적을 만들어 내는 것이다. 그 여왕벌이 생각해 낸 공공의 적은 다름 아닌 담임선생님이었다.

'담임선생님 수업은 너무 재미없어서 졸리다.'

'담임선생님은 어려서 통솔력이 부족하다.'

'시험 문제는 일부러 틀리게 하려고 낸다.'

'중요하지도 않은 걸 주관식 문제로 낸다.'

'경험이 없어서 상담을 잘 못한다.'

흠잡기는 다양하기도 했다. 나는 담임선생님이 좋았다. 담임선생님의 과목도 내가 좋아하는 과목이었다. 나는 담임선생님의 편을 들고 싶었다.

'나는 선생님 수업 재미있었어. 그렇게 잠 오지는 않던데?'

'시험 문제를 일부러 틀리게 하려고 한 것 같지는 않아.'

'주관식 문제 중요한 거라고 시험에 낸다고 하셨어.'

10대는 '튀는' 행동을 선호하지 않는다. 담임선생님을 편드는 나의 말과 행동은 아이들에게 눈엣가시였을 것이고, 단지 그 이유 때문만은 아니었겠지만, 나는 담임선생님과 같은 편이 되고 우리 반이 다른 편이 되는 대결 구도가 성립되었다.

그렇지만 담임선생님은 교실에 안 계실 때가 더 많다. 그런 상황에서 나는 담임선생님의 편이었고, 담임선생님의 대타였을 뿐만 아니라, 나 자체가 공격의 대상이었다. 언제 어떻게 그렇게 되었는지는 모르겠지만 정신을 차리고 보니 나는 왕따였다. 이미 어떻게 손써 볼 수도 없는 상황이었다.

가족이 눈치채기를 바라기도 아니기를 바라기도

나는 완벽하게 고립되었다. 무인도가 차라리 나았을 것이다. 반 아이들이 의도적으로 무시하고 투명인간 취급하는 상황은 견디기 힘들었다. 무엇보다 점심시간이 가장 힘들었다. 수업 시간과 쉬는 시간은 금세 지나갔지만, 점심시간은 아이들이 삼삼오오 모여서 함께 도시락을 먹었기 때문에 혼자라는 게 유난히 도드라졌다. 나는 의연하게 대처하고 싶었지만 견디기 쉬운 일은 아니었다. 그렇다고 점심을 매일 거를 수도 없는 노릇이었다.

그때도 마음속으로 누군가는 나를 불쌍하게 여기는 아이가 있었을 테지만, 나를 고립시켜 놓고 관찰하고 있을 여왕벌의 심기를 거스를 정도로 용기를 내기란 쉽지 않았을 것이다. 또한 사람이란 묘한 존재라 누군가를 계속해서 비난하고 미워하다 보면 증오에 익숙해지게 된다. 그래서 종내는 미움의 대상이 미움받을 만한 행동을 한다고 생각하게 되는 것이다. 공부 좀 한다고 잘난 척하는 나는 점점 고립되어도 마땅한 존재가 되어 갔다.

오전 자습과 저녁 자습까지 아침 7시부터 밤 10시까지 하루의 절반이 넘는 시간을 학교에서 보내는 시기였다. 하루하루 견뎌 내야 할 시간은 너무 길었다. 매일 밤 다른 가족들이 깰까 봐 숨죽여 훌쩍였다.

'어떻게 하면 내일 학교에 가지 않을 수 있을까?'

내일이 온다는 게, 그래서 학교에 가야 한다는 사실이 견디기 힘들 만큼 괴로웠다. 갑자기 아프기에는 지나치게 건강했고, 믿음직스러운 딸이라는 부모님의 믿음을 깰 용기도 없었다. 맹장이 터져서 입원했으면 좋겠다고 생각했지만, 그런 행운은 나에게 찾아오지 않았다. 매일 밤 울다가 잠드는 일이 반복되었지만 야속하게도 아침에는 울었던 흔적조차 남아 있지 않아서 가족들이 눈치채는 일도 없었다. 가족들이 눈치채 주길 바란 건지 모르기를 바란 건지 숨기려고 애쓰면서 견디는 나날들이었다.

나는 되도록 눈에 띄지 않고 이 상황이라도 유지하면서 조용히 지내고 싶었다. 하지만 반장이었고, 반 아이들 앞에 나서야 할 일은 최소한으로 줄인다고 해도 생기게 마련이었다. 교탁에 서서 이야기를 할 때면 맨 뒷자리까지 너무나 잘 보였는데, 모두가 나를 대놓고 무시했다. 그들에게 나는 보이지만 보이지 않고 들리지만 들리지 않는 그런 존재였다. 교실 문을 열고 들어갈 때마다 보이지 않는 악의가 나를 공격하는 것 같았다. 공기에 무게가 있는 것처럼 독기가 나를 서서히 죄어 왔다.

쉬는 시간이면 1학년 때 나에게 친절했던 옆반 친구에게 도망갔다. 쉬는 시간을 계속해서 빼앗기는 친구는 나의 방문이 썩 달갑지 않았을 것이다. 그러나 나는 상대방의 부담을 알아차릴 만한 여유가 없었다. 그 친구는 학년부장 선생님에게 내 상황을 이야기했다. 어느 날인지 야간 자율학습 시간에 학년부장 선생님이 복도로 나를 불러냈다.

"지윤아, 요즘 무슨 일 있니?"

조용한 자율학습 시간에 복도에서 하는 이야기는 아무리 속삭인다고 하더라도 반까지 들리지 않았을 리 없다. 이미 자율학습 시간에 불러낸 것부터가 눈에 띄는 일이었다.

"아뇨."

나는 복도 바닥 무늬를 바라보며 속삭이듯 조용하게 대답했다. 선생님은 두 번 물어보지 않았다. 나는 더 이상 옆반 친구에게 도망가지 않았다. 대신 쉬는 시간에는 엎드려서 잠을 잤다. 잠이 오지 않을 때는 엎드려서 쉬는 시간이 지나가길 기다렸다. 내가 할 수 있는 유일한 일은 오늘을 버텨 내고, 집으로 돌아가고, 다시 학교로 돌아와서 버티는 하루를 사는 것이었다. 학교에서의 긴긴 시간을 위해 여러 가지 취미를 가졌다. 시간이 많이 걸리는 종이 장미 접기, 형형색색 펜을 이용하여 전 과목 노트 필기 정리하기, 12색 색연필 깎기, 만화책을 읽은 후에 그림 베껴 그리기 등. 하루하루를 버티다 보니 1년이 지났고, 그렇게 나는 3학년이 되었다.

때로는 문제를 해결하려고 애쓰지 않았는데도 시간이 흐르면서 문제도 함께 흘러가 버린 경험을 한 적이 있다. '그때'의 문제였기 때문일 것이다. 나에게 왕따의 시간은 버티는 시간이었고, 반복되는 모든 일은 익숙해지고 수월해진다. 그렇게 나는 왕따의 시간을 버티려고 애쓰다가 가해자들과 헤어지며 물처럼 시간처럼 흘려보냈다. 비로소 나는 일이 해결되었다고 생각했다.

그렇지만 왕따의 기억은 오랫동안 나를 괴롭혔다. 손톱 끝에 박힌 가시처럼 잊을 만하면 떠올라 어디에 있는지도 모르는 마음에 쿡쿡 찌르는 고통이 생겨나는 것이었다. 처음에는 아무에게도 내가 왕따였다고 말하지 않았다. 그 사실이 부끄러웠기 때문이다. 그러다가 분위기에 취해 술에 취해 왕따라는 사실을 고백했을 때, 이야기를 들어주던 사람이 '너를 질투해서 그랬을 것이다'라고 명쾌하게(?) 해석해 주자 나는 스스로 부끄러워할 일이 아니라고 생각했고 가해자(?)에 대한 분노를 쏟아 냈다. 나는 피해자이고 떳떳했기 때문에 그 이후로는 당당하게 말할 수 있었다.

"저 옛날에 왕따당한 적이 있어요."

그러면 사람들은 동정의 눈빛을 보낸다.

"어머, 정말 힘들었겠다."

"왕따당할 것처럼 보이지는 않는데……."

"나쁜 아이들이었네. 요즘 아이들은 무서워."

나는 히죽 웃으며 다시 말한다.

"이제 괜찮아요. 다 지난 일인데요, 뭘!"

그럴 때면 왠지 눈물이 울컥 솟아났다.

"그 이야기를 왜 그렇게 자주 하는 거예요? 별로 좋은 이야기도 아닌데……."

누군가 이렇게 이야기했을 때에야 비로소 내가 자주 그 이야기를 한다는 것을 깨달았다. 그러나 그 후에도 마음속에서 샘물이 솟아나서 넘쳐흐르는 것처럼 오래 만난 친구에게도, 금방 만난 사람에게도 내가 겪었던 왕따에 대해 이야기했다.

"저 옛날에 왕따당한 적이 있어요. 이제는 괜찮지만."

그러고는 상대방의 반응을 기대한다.

"왕따당할 성격으로는 안 보이는데……."

그동안 10년도 더 지난 일이라며 왕따의 경험을 가볍게 이야기하곤 했다. 숨기지 않고 당당히 이야기할 수 있다는 걸로 나의 상처를 극복했다고 생각하고 싶었는지도 모른다. 왕따를 이겨 낸 의젓한 선생님, 나와 같은 고통을 받고 있는 왕따 피해 학생들의 마음에 누구보다 잘 다가갈 수 있을 것이라는 자신감도 생겼다. 그래서 이 문제를 집중적으로 연구하는 선생님들 모임에도 나갔는데, 그곳에서 아직도 과거에 매여 있는 나 자신을 깨닫게 되었다.

지금 피해 학생들의 심정을 이해해 보기 위해 왕따 피해자의 입장이 되어 옛날 일을 되도록 자세히 떠올려 글을 써보라고 했을 때 나는 단한 줄도 쓰지 못했다.

"괜찮아요!"

말은 이렇게 했지만 전혀 괜찮지 않았던 것이다. 내가 괜찮지 않다는 사실을 깨달았을 때 많은 사람이 있는 자리에서 펑펑 울어 버렸고, 아직도 마음의 상처가 진행 중이라는 것을 알게 되었다. 그리고 상처 치유 과정의 하나로 이 글을 쓰기 시작했다.

글을 쓰는 시간은 고통의 시간이었다. 글을 쓰기 위해서 컴퓨터 앞에 앉을 때면 술을 찾게 되었고, 술을 마시고 마음의 고통이 조금은 누그러질 때쯤에야 겨우 몇 줄을 쓸 수 있었다. 그렇게 쓴 글을 다른 선생님들과 함께 읽고 이야기할 때면 왕따를 당하던 학생 시절로 돌아가 버리곤 했다.

그러다가 더 이상 미룰 수 없는 마감 시간이 되어 억지로 술의 힘을 빌려 글을 허겁지겁 완성한 날이었다.

"이제 다 지나갔다."

나는 글을 쓰기 시작한 처음부터 이렇게 마무리하고 싶었다. 그리고 마음속에 계속해서 담겨 있던 그 문장으로 끝맺음을 하는 순간, 한참을 멍하니 모니터의 깜빡이는 커서를 바라보았다.

유년의 상처는 성인까지 간다

글을 완성한 이후로 나는 더 이상 울지 않았다. 놀라운 일이었다. 왕따의 경험을 이야기하면서 아무것도 아닌 척하며 히죽 웃지도 않았고, 웃다가도 갑자기 울컥 눈물이 솟아 나와 "왜 자꾸 눈물이 나오지?"라고 말하며 멋쩍어하지도 않게 되었다. 그리고 퇴고를 위해 글을 처음부터 다시 읽었을 때, 안개 속에서 희미하게 떠올라 잡히지 않던 나의 모든 감정이 선명하게 떠올랐다. 단지 '고통'이라는 말로 뭉뚱그려 설명할 수밖에 없었던 감정들이 고통이 사라지자 수면 위로 떠올랐다. 정말로 나에게 고통이 지나간 것 같았다.

인간에게 슬픔은 부정적인 감정이 아니라 자연스러운 감정이다. 그렇지만 슬픔의 상태가 지속되어 다른 어떤 감정도 느끼지 못한다면 그것이 우울의 상태다. 나 역시 우울의 상태였다. 슬픔은 충분한 애도의 과정을 통해서 떠나보낼 수 있다. 애도의 과정이 없다면 우울의 상태에 빠지게 된다. 처음부터 의도하고 쓴 글은 아니었지만 나에게 글쓰기가 어린 시절의 나를 애도하는 과정이었고, 글쓰기를 통해 우울의 상태를 벗어날 수 있었다.

그러면서 알게 된 것이 있다. 처음에는 나와 한 몸이라고 생각했던 우울의 감정이 나한테 잠깐 머물렀다 가는 것일 뿐인데, 내가 그 감정에 너무 빠져 지냈구나 하는 것이었다. 나중에는 내가 우울한 것인지, 우울이 곧 나인지조차 분간하기 힘들었다. 내가 우울이라는 감정에 아주 익숙해진 것이었다. 우울은 싫었지만 그 감정에 익숙해져서 그 속에서 오히려 안정감을 느꼈는지도 모른다.

작별이라는 말이 있고, 이별이라는 말이 있다. 이별이 자연스럽게 헤어진다는 의미라면 작별에는 자신의 의지로 떼어낸다는 의미가 들어 있다. 심리학 용어로 '애도'라고 한다. 사람은 누구나 상처가 있다. 나만

우울한 게 아니다. 가끔 방송 등에서 성인이 되어서도 여전히 아이들 장난감을 가지고 노는 사람들이 나온다. 그들도 그 심리를 좇아가 보면 유년 시절의 상처가 원인인 경우가 많다.

지금 반마다 따돌림 현상이 있다. 따돌림을 당하는 아이들이 집에 가서 "엄마, 나 왕따야"라고 말하는 경우는 거의 없다. 그걸 말하지 못하면 나처럼 20년 후에도 그 문제가 해결되지 않을 가능성이 높다. 아무 일도 없었던 것처럼 넘어가려 해도 잊혀지지 않는다. 특히 유년 시절의 상처는 오래가기 마련이다. 그것이 왕따가 되었든, "공부하라!"라고 다그치는 부모한테 받은 상처가 되었든. 그걸 자꾸 덮어 두려 할수록 거기에서 벗어나지 못한다. 그러니까 성인이 되어서도 아이들 장난감을 가지고 놀게 된다. 유년에 받은 상처를 아직도 안고 있기 때문이다.

상처를 치유하는 방법으로 분노를 표출하기도 하고, 감정을 통제하기도 하고, 긍정적인 사고와 자존감 회복 훈련을 하기도 한다. 심리학에서는 연극을 하기도 하는데, 나는 그 방법의 하나로 글쓰기를 적극 추천한다.

글쓰기로 인생 서사를 바꾸어 나가다

나는 글쓰기를 통해서 나의 인생 서사를 바꾸어 나갔다. 첫 번째 쓴 글과 두 번째 쓴 글이 다르고, 글을 거듭해서 쓸수록 더욱 객관화가 되었다. 우리는 선택적으로 기억을 한다. 눈에 보이는 것만 기억하고 반복해서 기억 속에서 그것만 꺼내 본다. 나중에는 기억이 안 나는 것도 억지로 떠올려서 글을 고쳐 나가니까 처음과 나중의 내용이 달라졌다.

처음에 글쓰기를 시작하면서 왕따의 경험을 떠올렸을 때, 나는 이른 바 '가해자'들에 대한 확신을 가지고 있었다. 나는 아무것도 잘못한 것이 없는 가련한 '피해자'였고, 가해자들은 사악하고 나쁜 아이들이었다. 그래서 나의 첫 물음은 그 아이들은 '왜 나를 괴롭혔을까'였다. 그래서 생각해 낸 첫 번째 이유는 질투였다. 나는 그들보다 잘난 사람이었고, 잘난 척을 하지 않았지만 잘난 척한다고 비난을 하며 나에게 괴롭힘을 당해야 할 당위성을 부여한 후에 괴롭힌 것이라고 생각했다. 어른이 된 내가 청소년인 피해자 '나'와 가해자 '그들'을 관찰한 후에 '애들이 어려서 그랬네'라고 생각하면서 이해하려고 했다. 그렇다면 나에게 전혀 잘못은 없었던 것일까? 어쩌면 정말로 나는 '재수 없는 말'만 하는 아이였을 수도 있고 입만 열면 '잘난 척'을 했을 수도 있다는 생각이 들었다. 그렇지만 나는 일부러 그런 적이 없었다. 의도 없이 하는 행동, 인식하지 못한 채 하는 행동을 어떻게 교정할 수 있을까? 정말로 왕따는 그럴 만한 행동을 해서 당하는 것일까?

하워드 가드너의 다중지능이론에 따르면, 모든 영역의 지능이 우수한 '전능한' 사람은 없다. 타고난 지능(또는 재능)은 사람마다 다르기 때문에 각기 다른 속도로 발달한다고 보는 것이 당연하다. 가드너의 다중지능이론으로 보면 나는 학습능력은 발달했지만 대인관계지능은 떨어지는 사람이었던 것이다.

그렇기에 나는 성적은 좋았지만 친구관계에서는 어려움을 겪었다. 누구나 영역별로 발달 속도의 차이가 있겠지만, 나는 그 부분이 유난히 도드라졌던 것이다. 처음의 나의 생각과 마찬가지로 "우리는 어렸다"는 결론이 어쩌면 맞는 이야기라고 생각할 수도 있다. 그렇다면 내가 왕따를 당할 만한 이유가 있었다는 것일까? 그렇지는 않다. 사람은 누구나 다르다. 그 다름을 인정하지 못하는 교육, 사회가 문제인 것이다. 다르다고 해서 왕따를 당한다면 우리 모두는 왕따를 하고 왕따를 당하면서 살아갈 수밖에 없다.

원인을 모르면 자기 탓을 한다

글을 쓰다 보면 자신이 기억하지 못하는 공백이 생긴다. 그곳을 메우다 보면 자기 자신을 훨씬 객관화해서 보면서 과거의 자신에 대해서도 더욱 뚜렷하게 바라볼 수 있다. 원인을 모르면 자기 탓을 하게 된다. 범죄 사건에서도 피해자가 가해자에게서 가장 듣고 싶은 것은 '왜 하필이면 나였을까?' '나한테 무슨 문제가 있었을까?'라는 물음에 대한 진실한 대답이라고 한다.

나 역시 마찬가지였다.

'왜 하필이면 나였을까?'

'내가 무슨 잘못을 한 것일까?'

지금도 그때 그 시절을 떠올리면 생각나는 것이다. 그것을 알아 가는 과정에서 우울한 감정도 자연스럽게 분리된다. 내가 우울했던 가장 큰 이유는 따돌림을 당한 사실이 아니라 '왜 따돌림을 당했는지' 그때로 돌아가서 물어보지 못해서였다. 그 마음의 공백을 채우게 되면 유년 시절의 상처에서 비로소 벗어날 수 있다. 이것을 심리학에서는 '진실 화해'라고 한다.

우울한 상태에 빠진 사람에게 특효약은 그 상태에서 벗어나는 것이다. 그런데 쉽게 그 상태에서 벗어나지 못하는 가장 큰 이유는 '내가 왜 이렇게 고통스럽게 살아야 하는지 그 이유를 잘 모르기 때문'이다. 글을 쓰다 보면 처음에는 자기 감정에 사로잡혀 몇 가지 장면과 자기 얼굴만 크게 나오고, 어떤 큰 사건만 부각되어 다가온다. 그러다 시간이 지날수록 장면과 장면 사이의 컷들이 이어지면서 조금씩 조금씩 그 감정에서 분리되면서 객관화되고 진실 화해에 이른다.

우리가 역사를 공부하는 것도 이런 이유에서다. 역사 자료 몇 개를 가지고 그걸 연결시킨다. 그리고 '아하, 그때 그래서 그 사건이 발생했구나' 하는 진실을 밝힌다. 진실이 밝혀지면 남들은 인정하지 않더라도 자신의 마음이 편해진다. 진실을 밝히는 건 처벌이 목적이 아니다. 나 역시 그랬으니까.

자신의 상처와 화해하는 첫 번째 단계는 그때의 '감정 떠올리기'다. 나와 감정이 한 몸인 상태에서 시작한다. 이것을 알려면 원인을 찾아야 하는데, 내가 피해를 당한 이유를 그때 그 아이들한테 물어볼 수가 없으니까 시간이 지날수록 '나 때문이었나!'로 넘어가게 된다. 나도 '아이들의 질투'로 생각했다.

이 과정이 지나야 구조적인 문제로 보는 단계로 나아간다. 이 단계에서 나는 '발달불균형'이라는 원인을 찾아냈다. 공부는 잘했지만 사람들과 어울리는 관점에서는 발달이 느렸다. 이것이 아이들과 어울리는 데 문제를 가져왔다. 그런데 하나 걱정되는 것은 앞에서도 이야기했지만 비록 내 문제에 대한 원인은 '발달불균형'으로 밝혀졌지만, 상처를 받고 있는 다른 아이들한테도 크고 작은 어떤 문제가 있을 것이라는 선입견을 가져서는 안 된다는 것이다. 진실 화해의 문제는 다른 사람들이 결론 내릴 수 없는 오직 자신과의 대화로만 원인을 찾아낼 수 있다. 그만큼 복잡하고 원인도 개인마다 모두 다르다는 것을 꼭 인지했으면 한다.

"가장 힘들었던 순간은 언제인가요?"

이런 질문을 받으면 누구에게나 선명하게 떠오르는 한 장면이 있다. 그리고 그 장면과 함께 그 당시의 감정까지 선명하게 떠오르며 지금의 나를 그 순간으로 데려간다. 그래서 사람들은 그 장면을 잊고 싶어 하고 덮고 넘어가려 한다. 그렇지만 치료되지 않은 상처는 자꾸 욱신거리면서 상처가 있다는 사실을 일깨워 준다.

상처를 낫게 하는 방법은 상처를 절개하고 고름을 짜내는 것뿐이다. 내 자신의 기억 속에 자리한 아픈 상처를 들추어 내서 글을 쓰는 일이 나에게 도움이 되었던 것처럼 여러분에게도 도움이 되길 바란다.

1. '가장 힘들 때가 언제였나?'

　이 질문을 했을 때 떠오르는 이미지나 장면이 있는가? 떠오르는 이미지
나 장면이 있다면 아래와 같이 해보자.

　가. 그림으로 그려 본다.

　나. 누가, 언제, 어디서, 무엇을, 어떻게를 사용하여 설명해 본다.

　다. 그때 여러분의 감정은 어떠했나? 아래 〈보기〉에서 그때의 감정으로
　　　적절한 것을 한 가지 이상 찾아보자.

〈보기〉

기쁨 : 희(喜)

감격스러운, 감동적인, 감사한, 고마운, 고무적인, 기쁜, 고전적인, 날아
갈 듯한, 놀라운, 가벼운, 눈물겨운, 든든한, 만족스러운, 뭉클한, 반가
운, 벅찬, 뿌듯한, 살맛 나는, 시원한, 싱그러운, 좋은, 짜릿한, 쾌적한, 통
쾌한, 포근한, 푸근한, 행복한, 환상적인, 후련한, 흐뭇한, 흔쾌한, 흥분
된

화, 노여움 : 노(怒)

가혹한, 고통스러운, 골치 아픈, 패씸한, 구역질 나는, 기분 상하는, 꼴
사나운, 끓어오르는, 나쁜, 노한, 떫은, 모욕적, 무서운, 배반감, 복수심,
북받침, 분개한, 분노, 불만스러운, 불쾌한, 섬뜩한, 소름 끼치는, 속상

한, 숨 막히는, 실망감, 쓰라린, 씁쓸한, 약 오르는

슬픔 : 애(哀)

가슴 아픈, 걱정되는, 고단한, 고독한, 고민스러운, 공포에 질린, 공허한, 괴로운, 구슬픈, 권태로운, 근심되는, 기분 나쁜, 낙담한, 두려운, 마음이 무거운, 멍한, 뭉클한, 미어지는, 부끄러운, 불쌍한, 불안한, 불편한, 비참한, 비탄함, 서글픈, 암담한, 앞이 깜깜한, 애석한, 애처로운, 애태우는, 애통한, 언짢은, 염려하는, 외로운, 우울한, 울적한, 음울한, 음침한, 의기소침한, 절망적인, 좌절하는, 증오하는, 지루한, 착잡한, 참담한, 창피한, 처량한, 처참한, 측은한, 침통한, 패배감, 한스러운, 허전한, 허탈한, 허한, 황량한

즐거움 : 락(樂)

가벼운, 가뿐한, 경쾌한, 고요한, 기분 좋은, 담담한, 명랑한, 밝은, 산뜻한, 상쾌한, 상큼한, 숨 가쁜, 신나는, 유쾌한, 자신 있는, 즐거운, 쾌활한, 편안한, 홀가분한, 활기 있는, 활발한, 흐뭇한, 흥분된, 희망찬

사랑 : 애(愛)

감미로운, 감사하는, 그리운, 다정한, 따사로운, 묘한, 뿌듯한, 사랑스러운, 상냥한, 순수한, 애틋한, 열렬한, 열망하는, 친숙한, 포근한, 호감이 가는, 화끈거리는, 흡족함

미움 : 오(惡)

고통스러운, 괴로운, 구역질 나는, 귀찮은, 근심스러운, 끔찍한, 몸서리
치는, 무정한, 미운, 부담스러운, 서운한, 싫은, 싫증 나는, 쌀쌀한, 야속
한, 얄미운, 억울한, 원망스러운, 죄스러운, 죄책감, 증오스러운, 지겨운,
짜증스러운, 차가운, 황량한

바람 : 욕(欲)

간절한, 갈망하는, 기대하는, 바라는, 소망하는, 애끓는, 절박한, 찝찝한,
초라한, 초조한, 호기심, 후회스러운, 희망하는

2. 1번을 반복해서 시간 순으로 배열해 보자. 혹시 사건 간의 관계성을 찾
   을 수 있다면 찾아보자(예를 들면 인과관계).

---

3. 1번과 2번을 참고하여 줄 글쓰기를 해보자(짧게 여러 번 써서 이을 수도 있다).

---

4. 그때 여러분은 어떤 말을 가장 듣고 싶었을까? 과거의 나에게 위로의 편지를 써보자.

아이들의 마음에 다가가는
10대 마음보고서

ⓒ 따돌림사회연구모임 교실심리팀, 2017

초판 1쇄 | 2017년 3월 25일
초판 6쇄 | 2021년 8월 24일

지은이 | 따돌림사회연구모임 교실심리팀
발행인 | 정은영
책임편집 | 한미경
디자인 | 디자인붐
일러스트 | 주노

펴낸곳 | 마리북스
출판등록 | 제2019-000292호
주소 | (04037) 서울시 마포구 양화로 59 화승리버스텔 503호

전화 | 02)324-0529, 0530
팩스 | 02)3153-1308
Email | mari@maribooks.com
인쇄 | (주)현문자현

ISBN 978-89-94011-67-7 (03180)